KB079777

책벌레 선생님이 아이들과 함께 시를 쓰고 놀며 배운 행복의 법칙

학교에서
외계인을 만나다

학교에서
외계인을 만나다

2017년 10월 20일 처음 펴냄
2019년 7월 22일 2쇄 펴냄

지은이 권일한
그린이 반예림, 이가진
펴낸이 신명철
편집 윤정현
영업 박철환
관리 이춘보
디자인 최희윤
펴낸곳 (주)우리교육
등록 제 313-2001-52호
주소 03993 서울특별시 마포구 월드컵북로 6길 46
전화 02-3142-6770
팩스 02-3142-6772
홈페이지 www.uriedu.co.kr

ISBN 978-89-8040-249-6 03370

이 도서의 국립중앙도서관 출판시도서목록(CIP)는
e-CIP홈페이지(http://www.nl.go.kr/ecip)에서 이용하실 수 있습니다.
(CIP 제어번호:CIP2017025331)

책벌레 선생님이 아이들과 함께 시를 쓰고 놀며 배운 행복의 법칙

학교에서
외계인을 만나다

권일한 글 | 반예림·이가진 그림

우리교육

《느끼는 대로》*에서 레이먼은 그림을 그립니다.
선도 똑바로 그리지 못했지만
좋은 선생님을 만나 느끼는 대로 표현합니다.
느낌을 표현했기 때문에 모양이 똑같지는 않은 그림이었지요.

도대체 뭘 그리는지 모르겠다는 형의 비웃음을 들은 뒤에
똑같이 그리려고 애를 쓰지만 잘 안 됩니다.
그래서 그림 그리기를 포기합니다.
레이먼은 느끼는 대로 그리는 아이였거든요.

동생 마리솔은 레이먼의 그림을 좋아합니다.
오빠가 느끼는 대로 표현한 그림을 소중하게 간직합니다.
마리솔이 자기 그림을 소중하게 여기는 모습을 보고
레이먼은 다시 느끼는 대로 그림을 그리기 시작합니다.
주위에 펼쳐진 세상을 그리면서 글을 씁니다.
시인지 아닌지는 모르지만, 시 느낌이 나는 글이었지요.
레이먼은 줄곧 느낌이 가득한 삶을 살았답니다.

---

*《느끼는 대로》, 피터 H. 레이놀즈, 문학동네어린이.

학교에서 시인을 많이 만났습니다.
시인지 아닌지는 모르지만
시 느낌이 나는 글을 해마다 선물 받았습니다.
너무 고마운 선물이라 곱게 간직했습니다.
아이들이 제게 준 선물을 여러분도 받으시면 좋겠네요.

시도 있고, 시가 아닌 글도 있습니다.
시인지 아닌지는 모르지만 시 느낌이 나는 글이지요.
여러분께 꼬마 시인들의 마음을 나눠드립니다.

글은 대부분 아이들이 처음 썼을 때 그대로입니다.
고치면 더 시 같아지고, 뜻과 마음이 잘 전달되겠지만
시 느낌이 나도록 그냥 놔두었습니다.
다만, 이어주는 말을 줄였고 맞춤법을 고쳤습니다.
몇 편은 어색한 표현을 조금 고쳤습니다.

아이들이 느끼는 대로 쓴 글을 읽으시고
느낌의 바다에 풍덩 뛰어들어보세요.
여러분도 느낌이 가득한 삶을 사시기 바랍니다.

왕따

선생님은 왕따다.
선생님 중에서 왕따다.

이상하다.
다른 선생님들이 커피 마시며 회의하는데
선생님은 교실에서 논다.

참 이상하다.
선생님은 왕따다.

2교시 끝나고 쉬는 시간 20분!
아이들이 쉬는 동안 교사들은 회의를 합니다.
업무 전달도 하고 교내 행사 협의도 합니다.

그러나 커피 마시며 수다 떠는 날이 더 많습니다.
가기 싫은데 자꾸 아이를 보내서 오라 합니다.

일기에 답글 써줘야 하고
친구랑 다툰 아이와 이야기도 해야 하고
공기 연습 많이 했다고 도전장 내민 아이와 공기도 해야 하고
쉬는 시간만 되면 이상한 일 벌이는 아이도 살펴야 하고
......
나는 할 일이 너무너무 많은데
다른 선생님들은 여유만만입니다.

쉬는 시간에도 무언가를 계속해야 하는 무능한 저는
왕따가 되기로 했습니다.
왕따가 되고 나서
쉬는 시간에도 아이들과 놀 수 있게 되었습니다.
너무 좋습니다.
저는 행복한 왕따 교사입니다.

선생님의 허리띠

안 그래도 마른 선생님
더 말라 보인다.
배가 더 홀쭉해 보인다.

배에 둘러진 허리띠가
선생님 인생인 것도 같다.
뭔가 답답한 건지도
뭐가 조르고 있는지도 모른다.

아이 눈은 속일 수 없나 봅니다.
제가 허리띠에 졸려 답답하게 살아가는 걸 어떻게 알았을까요?

일기장에 답글 써주지 말고 쉬어도 되는데,
쉬는 시간마다 복도에 나와 뛰지 말라고 하지 않아도 되는데,
다달이 문집 만들지 않아도 되고,
우리 아이들만 데리고
시내버스 타고 현장학습 가지 않아도 되는데,
운동장에서 기다리는 아이들과 함께
아침마다 땀 흘리며 뛰어다니지 않아도 되는데
나를 둘러싼 허리띠가 아이들과 함께 있으라 하네요.

나를 조르는 허리띠 덕분에
아이들과 함께 울고 웃으며 행복했어요.
그렇지만 마음이 아파서 힘들어하던 아이,
학교 오기 싫어하는 아이를 생각하면 힘듭니다.
내가 아이들을 답답하게 조르는
허리띠가 되지는 않았는지…….

답답한 선생 만나 힘들었던 제자들아, 미안하다.
훨훨 날아라. 내가 둘러친 허리띠 벗어 던지고 훨훨 날아라.

차례

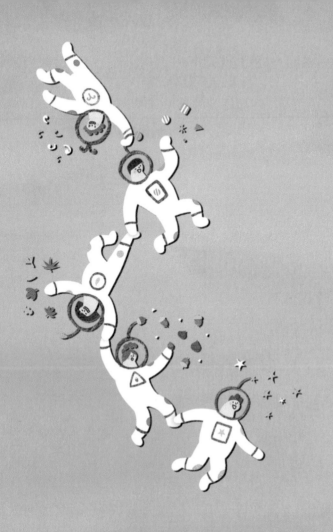

1.
외계인이 보낸 동시

외계인, 지구인을 만나다
– 가족, 이웃, 친구

엄마의 삼겹살

전제현(북삼초 2)

엄마 배가 날씬했다.

누나, 동생이 밥을 남겨서
배가 삼겹살이 됐다.

그래서 엄마 배는 삼겹살 배다.

날씬했던 엄마가

삼겹살 배를 가지게 되었어요.

나 때문은 아니고 누나와 동생 때문이네요.

나만큼만 하면 아무 문제 없을 텐데…….

엄마는 알고 있어요.

누나와 동생, 나까지 낳고 기르시느라

삼겹살 배를 갖게 되신 걸…….

그 배가 없었으면 세상엔 아무도 없다는 걸…….

언젠가는

엄마가 말하지 않은 진실을 아이들도 알겠죠.

엄마 배는 사랑과 인내와 눈물과 은혜의 증거라는 걸.

엄마, 사랑해요.

우리 엄마는 여군

우리 엄마는 아침에 보험 회사에 가고
낮에는 태화마트에 일하러 간다.
엄마는 힘들지 않은가 보다.

나는 학교 갔다가 태권도 갔다 오면
힘들어 죽을 것 같다.

우리 엄마는 꼭 여군 같다.

18 1. 외계인이 보낸 동시

엄마, 밥 줘요. 엄마, 양말 찾아줘요. 엄마, 데리러 와요…….
…… 사줘요. 갖다 줘요. 해줘요.
엄마~ 엄마! 엄마? 엄마…….

엄마 눈은 많은 아이 속에 있는 나를 찾아내죠.
엄마 귀는 온 세상이 잠든 뒤에도 내가 찡얼대는 소리를 듣죠.

엄마 코는 나의 똥·오줌 냄새를 돌봐야 할 신호로 알죠.
엄마 팔은 나를 번쩍 들어 올리고
엄마 다리는 나를 향해 달려오죠.
엄마 심장은 쿵쾅쿵쾅, 나를 위해 뛰어요.
엄마의 모든 것이 나를 위해 움직이네요.

엄마가 되기 전에 엄마는,
바람에 흔들리는 갈대처럼 약했지만
엄마가 된 뒤에 엄마는,
바람에 맞서 버티는 여군이 되었어요.
엄마가 되면서 엄마 심장이 사관학교를 졸업했나 봐요.
사랑으로 빚어낸 최고의 걸작품,
자녀를 지키는 여군 같은 우리 엄마!

공사

김소희(도계초 1)

학교를 마치고 집에 와 보니
집이 엉망이었다.
보일러가 고장이 나서
가스보일러로 바꾸는 거라고 엄마가 말했다.

지금은 밤 9시다.
보일러 아저씨는 참 힘들겠다.
아직도 보일러를 고치니까!

보일러 아저씨 집에도
나처럼 1학년 아이가 있다고 했다.
아저씨 집 아이도 나처럼
아빠를 기다리겠다.

소희는 택시를 운전하는 아빠를 기다립니다.
소희가 아빠를 기다리는 동안
보일러 아저씨네 아이도 아빠를 기다립니다.
소희 집에서는 보일러 아저씨가 일하고
소희 아빠는 다른 아저씨를 집으로 데려다주고 있겠지요.

보일러 아저씨가 일하는 모습을 보면서
우리 아빠가 일하는 모습을 생각하고,
아빠가 돌아오기를 기다리면서
보일러 아저씨네 아이도 아빠를 기다릴 거라 생각합니다.

내가 아빠를 기다리는 마음이
아저씨네 아이가 아빠를 기다리는 마음과 같네요.

기~다~~~란 그리움, 기다림!
지금 여러분은 누구를 기다리나요?

아픔

전은희(도계초 3)

동생과 싸움.

엄마한테 혼나서
말 안 하려고 노력한다.
잠을 자는 척 쿨쿨

엄마 들어와서 몰래 약 발라준다.
맘이 흔들려 말을 하고 만다.

엄마는 자는 척했다고 가짜로 화낸다.
계속 흔들린다.

마음이 흔들립니다.

엄마가 혼내서 흔들리고
일이 계획대로 되지 않아서 흔들리고
사람들이 내 마음을 몰라줘서 흔들립니다.

약 발라주는 엄마 사랑에 마음이 흔들려
나한테 잘해준 거 생각하며 마음을 돌리고
새롭게 시작하리라 다짐하며 마음을 다잡지만
가짜로 화를 내는 바람에 다시 흔들립니다.

엄마의 사랑은 변함이 없지만
지금 나를 대하는 태도가 마음을 흔들어댑니다.
나를 흔드는 말 한마디보다
나를 사랑하는 엄마 마음을 먼저 보려면
얼마나 커야 할까요?
엄마가 되기 전에 알 수 있을까요?

엄마 모습

김나영(정라초 5)

우리 밥 먹고 난 뒤
우리가 먹고 남은 반찬을
불도 안 켜고
부엌 한구석 어두운 곳에서
엄마가 밥을 드신다.

집안일 하느라 힘드신데……
내가 말도 안 듣는데……
힘드신데……
우리 위해 쉬지 않고 일을 한다.
계속계속 일만 하신다.

이제 엄마 자신을 위해 일하시면 좋겠다.

우리는 상처를 입어요.

깜깜한 어둠 속에서 끙끙대며 길을 찾아 헤매죠.

그럴 때는 비난하거나 섣불리 충고하는 대신

아픔을 함께해주는 사랑하는 사람 곁으로 가세요.

우리를 위해 일하시느라

자신을 위해 사는 걸 잊으신 분들 곁에 가세요.

나를 위한 일을 곧 자신을 위한 일로 삼으신 분을 생각하세요.

도덕 시간에 '마음의 건강'을 배우다가

〈누가 내 마음을 건강하게 해주었을까?〉로 글을 썼습니다.

"할머니께서 칭찬을 많이 해주셔서 마음이 그리 약하지 않다."

"저는 잘한다고 칭찬을 많이 받아서 너무 밝았습니다."

"자신감이 가장 중요하다."

사랑을 붙잡고 일어선 뒤에

부엌 어두운 곳에서 혼자 밥을 드시며

우리를 건강하게 키우신 분들을 칭찬하세요.

우리 대신 아파하고,

우리를 위해 희생한 분들에게 박수를 보내세요.

자신을 위해 일하기를 잊으셨을 테니

이제는 우리가 그분들을 위해 일해야죠.

아빠가 오셨습니다

이정영(도계초 1)

병원에 갔던 아빠가 오셨습니다.
아빠 손에는
붕대가 감겨 있었습니다.

하지만 아빠가 오셔서 즐겁습니다.
한쪽 팔로
저를 안아주셨습니다.

빨리 나으세요.
아빠 사랑해요!

한쪽 팔만 있어도
나를 든든하게 안아주는 아빠!
팔에 붕대가 감겨 있어도
나를 안아줄 넓은 가슴을 가진 아빠!
내가 병간호를 하지 않아도 괜찮고
아픈 아빠에게 철없이 안겨도 좋아하는,
그냥 내 곁에 있어주기만 해도 좋은 우리 아빠!
아빠를 위해 붕대 감아주고, 물건을 들어주지 않아도
안아달라고 달려드는 것만으로도 나를 사랑하는 아빠!

이런 아빠들은 다 어디 갔나요?
내가 잠든 뒤에 지친 어깨 늘어뜨리고
허기진 마음으로 술에 취해 돌아오는
회사원, 기사, 가게 주인, 경비원, 노동자……가 아니라
내가 온전히 의지할 수 있는 아빠가 그리워요.

"아빠, 사랑해요!"
"나도 사랑한다."
이런 말을 주고받는 아빠를 보내주세요.

아빠가 늦게 동안 안 온다

이지인(북삼초 2)

아빠가 늦게 동안 안 온다.
기다리다 지쳐서 동생이 잔다.
늦게 동안 일하나 보다.

아빠가 늦게 오면 나도 힘들다.
지금은 내가 잘 시간이다.
어제도 늦게 왔는데
그때까지 일을 했다고 한다.
지금까지 일하고 있나 보다.

나도 크면 나중에
엄마, 아빠처럼 바빠지나 보다.
아빠가 늦게 동안 안 올수록 잠이 솟구친다.

어른들은 참 바쁘네요.

어제도 늦게 오고 오늘도 늦게 와요.

잠든 동생 곁에서 쏟아지는 잠을 참으며

어른들이 왜 바쁜지 생각하고 또 생각해도 아빠가 안 오네요.

어제도 늦게까지 일하고 오늘도 일하는데

내일 할 일이 또 남아있나 봐요.

조금만 기다리면 쉴 날이 오겠죠.

주말, 휴가, 퇴직이 오면 언젠가 푹 쉴 수 있겠죠.

그날을 생각하며 아빠는 오늘도 열심히 일합니다.

지인이가 어른이 되면 아빠가 지인이를 기다릴 거예요.

"엄마, 아빠! 바빠서 못 내려가요. 다음에 갈게요."

그때 아빠는,

왜 아이 곁에 있어야 할 시간에 일만 했는지 생각하겠죠.

언젠가 지인이도 왜 아빠 곁에 있지 않았는지 생각할 거예요.

함께해야 할 시간이 그리움으로 남지 않게 해주세요.

일을 멈추고 아이들 곁으로 다가가세요.

그리움이 솟구쳐 잠 못 드는 날이 오기 전에

지금 곁에 있어주세요.

오늘은 일찍 들어가서 아이들을 재워주세요.

우리 아빠의 놀이터

이예지(정라초 5)

우리 아빠는 일 끝나면 당구장에 가신다.
그곳이 놀이터이다.
한 번 가면 빠져나오질 않는다.
쉬는 날, 일 끝나는 날에만 간다.

우리에게 놀이터가 있듯이
우리 아빠도 놀이터가 있다.
아빠는 어린아이처럼 재미나게도 노신다.

당구장이 아빠를 끌어당겨 마음을 빼앗습니다.
뚫어지게 당구공을 노려보고
"와!" 하며
"아~." 하게 만듭니다.
누구에게나 마음을 빼앗기는 놀이터가 있습니다.

지금 아이들은 핸드폰, 컴퓨터, 텔레비전 화면 보면서 놉니다.
어른들도 화면을 들여다보며 시간을 보냅니다.
이건 노는 게 아닙니다.
몸을 움직이지 않고 계속 한 곳만 뚫어지게 바라보는 건
놀이가 아니라 사로잡힌 겁니다.
중독이라 부르죠.

예지는 자연을 친구 삼아 놀았습니다.
그래서 재미나게 노는 아빠가 보기 좋나 봅니다.
아이들이 놀아야 건강하게 살아가듯이 어른도 놀아야 삽니다.
건강하게 놀면서 재미나게 사세요.

사랑의 텔레파시

김지용(삼척초 4)

마당갈비에서 돼지갈비를 먹었다.
엊그제 싸우셨으면서도
엄마랑 아빠가 쌈을 서로서로 싸드렸다.

저렇게 다정하게 하실 걸 왜 다투셨을까?
알 수 없는 일이다.
궁금하다.
엄마는 크면 알 거라 하신다.
나는 크기 전에 알고 싶은데
그 비밀을 못 찾았다.

그래도 나는 엄마, 아빠가 제일 좋다.
아마 서로 사랑의 텔레파시가 있을 것이다.

Telepathy란?

精神感應(정신감응)

ESP(초감각지각, ExtraSensory Perception)의 한 형태

어떤 사람의 마음이나 생각이

언어나 동작 따위를 통하지 않고

멀리 있는 다른 사람에게 전해지는 심령 현상.

빛이 없어도 보며

곁에 없어도 만나며

말하지 않아도 들으며

만나지 않아도 서로의 생각을 알고

보이지 않는 곳에서 하나 됨을 느끼는……

이해할 수 없는 일이 일어나는 까닭이 뭘까?

세상이 삭막해지지 않게 하려고

사람들이 서로 쌈을 싸주며 사랑하라고

하늘이 내린 선물이란다.

화해

이하은(도계초 3)

어제
할머니와 할아버지께서 싸우셨다.

오늘
할머니가 무거운 짐을 들고 오시는데
할아버지께서 "내가 들게!" 말씀하셨다.
할머니와 할아버지께서 부끄러운지
고개를 숙이고 계셨다.

이제
화해하셨나 보다 생각했다.

'미안해'

'사랑해'

'용서해'

할아버지들은 이런 말 대신

'내가 들게'

'이거 먹어봐!'

'안 힘들어?'라고 하시죠!

마음이 꼭 한 가지만으로 표현되진 않아요.

잔소리 한마디, 손바닥 한 대 때리는 게

사랑의 표현일 때도 있듯이

"사랑해"가 "참나 원"으로 표현되기도 하고

"밖이 추워!"가 "당신밖에 없어."를 담기도 하죠.

할아버지의 표현을 손녀가 알아봤으니

할머니는 할아버지 마음을 알아챘을 거예요.

그래도 할머니는 "사랑해!"를 더 듣고 싶지 않을까요?

"내가 들게!"도 좋지만 사랑한다 말해주세요.

표현이 표현을 낳는답니다.

붕어빵

김형규(삼척남초 6)

할아버지가 일을 하신다.

장에 나갔다.
붕어빵을 한 봉지 샀다.
할아버지가 좋아하는 붕어빵
버스 기다리다 붕어빵이 식는다.

가슴에 꼭 안고 버스를 탔다.

할아버지가 일하는 걸 눈여겨보고,
할아버지가 붕어빵을 좋아하는 걸 알고,
하루에 일곱 번 오는 버스 기다리면서
붕어빵 식을까 걱정하고,
할아버지에게 따뜻한 붕어빵 드리려고 가슴에 품는다.

눈여겨보는 "눈"
좋아하는 걸 아는 "관심"
장에 나가 붕어빵을 사는 "마음"
버스 기다리며 붕어빵을 품는 "가슴"
이게 바로 우리 자신입니다.

무얼 보고, 무엇에 관심을 갖고,
가슴에 무엇을 두고 사나요?
사람인가요, 물건인가요, 그저 욕심인가요?
우린 사랑에 민감한 인격체랍니다.
사랑하는 사람이 일하는 모습을 봐주세요.
가슴에 품은 걸 선물하세요.

할머니 집에 갔다

송동렬(도계초 3)

할머니 집에 갔다.
할머니가 나보고 '우리 똥강아지'라고 했다.
그 말을 듣고 기분이 좋았다.
우리 할머니이기 때문이다.

할머니가 많이 나았다고 해서
기분이 엄청나게 좋았다.
할머니 집에 자주 가야지!

우리 똥강아지를 말 그대로 해석하면
우리 집에 있는, 똥만 먹는, 쓸모없는 강아지!
동렬이 귀에는 다르게 들리지요.
우리 집에서 가장 귀한, 멋쟁이 내 손자!

이렇게 해석하려면
할머니가 베풀어준 사랑이 동렬이 마음에 닿아야겠죠.
할머니 마음을 알면 똥강아지가 아니라 못난이라도
사랑의 표현으로 들릴 거예요.

우리나라에서 눈을 표현하는 낱말은
함박눈, 싸락눈, 진눈깨비, 가루눈, 날린눈 다섯 개뿐이네요.
이누이트 족은 눈을 부르는 낱말이 26개나 된다고 해요.[*]
이누이트는 눈을 사랑하고 눈과 함께 살아서 그래요.
동렬이 할머니에겐 26개나 되는 사랑의 표현이 있을 거예요.
똥강아지도 그중에 하나겠죠.

아! 우리 할머니가 보고 싶습니다.

*《각하, 문학을 읽으십시오》, 얀 마텔, 작가정신

할머니

이수연(복삼초 6)

우리 할머니는 아이다.
매일 일하면서 쉴 생각도 안 한다.
소여물 주고
강아지 사료 주고
닭 모이 주고
농사도 지으면서
싱글벙글!

힘들게 짓고 기른 것들을 아무렇지도 않게 내주신다.
우리 가족이 할머니 집 가는 날,
시골 반찬을 모두 내어주신다.
집에 가서 먹으랜다.

우리 할머니는 욕심도 없는 아이다.

욕심 많은 사람은
소여물, 닭 모이 주지 않고 소고기, 닭고기 먹으려 하지.
농사짓지 않고 농민들 것을 빼앗으려 하지.
자기 배만 부르면 다른 사람이 힘들어도 그만이라 생각하지.

할머니에겐 다른 욕심이 있단다.
할머니가 기른 것들을
아들·며느리, 딸·사위가 맛있게 먹는 걸 보는 욕심
손자, 손녀들이 이렇게 말하는 걸 듣는 욕심
"할머니가 기른 거예요?"
할머니 자신이 길러낸 자녀들이
할머니가 기른 것들을 먹으며 건강하게 자라는 걸 보는 욕심

이 욕심 때문에 할머니는
땀 흘리면서도 힘든 줄 모르고 일하신단다.
사랑의 흔적을 바리바리 싸주신다.

할머니의 선물을 만끽하는 나날이 되기를…….

옆집 할아버지가 돌아가셨다

김지영(삼척초 4)

옆집 할아버지가 돌아가셨다.
오늘 돌아가셨다.
옆집 언니, 할머니 얼굴이 흐리고 우울해 보인다.
하긴 할아버지를 영영 못 볼 테니까~.
병에 걸리셨다는 얘기를 들었는데
병이 크게 번져서 돌아가셨다고 한다.

지금 집에 아무도 없다.
환한 불빛만 켜져 있다.
옆집 사람들은 모두 병원에 갔나 보다.

집 앞에 있는 의자가 쓸쓸해지겠다.
날마다 고무줄 하는 거 보곤 했는데
이제는 아무도 안 봐주니까
고무줄이고 뭐고 때려치워야겠다.

할아버지가
날마다 골목 앞에서 고무줄 하는 지영이를 지켜보셨어요.
할아버지가 지켜보셨기 때문에
의자에 고무줄 걸어놓고 혼자 뛸 때도 행복했어요.
자기를 지켜보는 친구가 있었거든요.

옆집엔 오늘도 불빛이 환하고 의자도 여전히 그 자리에 있어요.
그렇지만 할아버지가 안 계시면 혼자라는 생각이 들어요.
할아버지가 친구이고 관객이었는데
할아버지 없으니 고무줄도 관둬야겠어요.

할아버지가 돌아가신 뒤에
빈 의자가 몹시도 신경이 쓰였어요.
지영이 마음을 채웠던 공간 하나가 사라져버렸어요.
할아버지만이 채울 수 있는 공간이었는데……

마음에 빈 공간이 생기지 않게 하려면
사랑하지 말아야 하는데
그럼 마음이 딱딱하게 굳어버리겠죠.
고무줄 때려치우게 되더라도
할아버지가 남긴 의자를 갖는 게 낫겠어요.

빈자리

배강길(마읍분교 6)

친척들 빈자리가 크다.
이쪽은 친척 누나가 놀던 자리, 저쪽은 친척 동생 놀이터
여긴 외숙모들이 음식하던 자리, 저긴 모두 모여 함박웃음 짓던 자리
이제는 유독 흔적만 돋보인다.

모두 다시 온다고 말하지만 한숨만 나온다.
우리들보다 한숨 쉬는 사람은 할머니다.
자식들이 왔다 간 흔적을 보며
그 흔적들을 치우며
한숨을 내쉬며
다음에 올 때를 기다린다.

기다리다 보면 어느새 할머니 얼굴에는 주름이 생기고
머리숱도 하얗게 물들어갈 것이다.
어느새 나도 커가고 여기로 오길 기다리는 동생들도 커갈 것이다.

오늘 가면 다음에 보면 되지만 할머니 마음은……

할아버지가 돌아가셨습니다.
초등학생에게 죽음은
친척들이 모였다가 떠난 뒤의 허전함 정도일 겁니다.
친척들도 예전 일상으로 돌아갈 거구요!

하지만 할머니에겐 빈자리가 너무 크네요.
더구나 할아버지가 할머니에게 남긴 빈자리에
친척들이 떠나고 남겨둔 빈자리까지…….
다 떠나고 흔적만 남은 곳에선
친척들의 함박웃음마저 슬픔으로 내려앉네요.

빈자리는 기다림을 만들지만
기다림이 빈자리를 채우진 못해요.
우리 삶에는 어떤 것으로도 채우지 못하는 빈자리가 있어요.

서로 기대고, 함께 음식을 나눠 먹고, 추억을 돌아보면서
빈자리를 그리움으로 바꿔 견디는 거죠.

고모가 놀러 온 것

이정영(도계초 1)

고모가 놀러 왔습니다.
지금 고모 배에는
애기가 들어있다고 했습니다.
어떤 애기가 들어있는지 무척 궁금합니다.

엄마 얘기로는
고모 닮았으면 못생겼을 거라고 했습니다.
하지만 저는 애기들은 모두 귀여울 것이라고 생각합니다.

엄마는 고모 얼굴로 아기를 봅니다.
고모의 성격을 본 건지도 모르겠네요.
아하, 시누이의 '시'만 본 걸 수도 있어요.

정영이 눈에 아기는 신비한 생명입니다.
존재하는 것만으로도 귀엽고 예쁘고 사랑스럽습니다.

자녀, 가족, 친구, 이웃을
정영이 마음으로 바라보면 어떨까요?
외모와 성격과 능력이 아니라 존재 자체만으로 기뻐한다면,
세상에 존재한다는 사실만으로도 감격한다면,
실수하고 실패해도 다시 일어설 용기를 낼 거예요.
못생겼다고 놀리는 사람 있어도
자신이 쓸모없는 사람이라 생각하지 않고
두 주먹 꼭 쥐고 살아야겠다 생각하지 않을까요!

당신이 누구건, 어떤 외모와 능력을 갖췄건
당신은 누군가에게 너무나 귀한 사람입니다.

행복한 바보

김그린(정라초 4)

꼬물꼬물
꼼지락꼼지락
뒤척뒤척

뭐가 뭔지도 모르면서 환하게 웃고
그러다가 또 금세 울기를 반복하는
아기

앞으로 살아가기 힘들 텐데도
울고 웃는 바보지만
아무것도 몰라 행복한
아기는 행복한 바보

어린 아기는
상처받기 쉬운 연약함 속에서 태어난 열매래요.*
너무 연약해서 조그마한 충격에도 상처를 받죠.
꼬물꼬물하다가 부딪쳐서 울고
꼼지락꼼지락 하다가 넘어져서 울죠.
엄마가 보이지 않으면 어리둥절 또 울죠.

그래도 아기는 행복해요.
아기의 존재를 기뻐하는 사람이 곁에 있으니까요.
가족 모두 아기가 잘 자라기를 기대하고
해와 달과 별조차 아기를 응원해요.
온 세상 만물이 아기를 위해 존재하거든요.

살기 힘들다는 생각이 든다면 아기 곁에 가세요.
아기 얼굴을 가만히 들여다보세요.
아무것도 모르는 사람처럼 웃게 될 거예요.
아기가 가진 상처받기 쉬운 연약함은
상처받은 우리를 일으키는 손짓 발짓이거든요.

*《영혼의 양식》, 헨리 나우웬, 두란노

아기

이시언(정라초 4)

내 친척 동생 정인이
임신한 이모와 놀아달라고 조른다.
이모보다 내가 더 좋은지 나에게 눈길이 온다.

빨리 도망가다 들키고 만다.
더 재미있게 놀아달라며
"따 따"
먹을 것 달라며
"맘마, 맘마"
나는 정인이의 부하, 정인이는 두목

2살짜리 아기가 11살을 이긴다.

갓 태어난 아기의 뇌는 성인의 20%밖에 안 됩니다.
아기는 몸을 제대로 움직이지도 못해요.
자신을 지킬 힘이 전혀 없어요.
그래서 아기는 사람들이 아기를 사랑하게 만들어요.

사랑은
열한 살 아이가 두 살 아기에게 져주듯이
70세 노인이 열한 살 아이에게 지게 하죠.

사랑엔 두려움이 없어요.
두 살이 열한 살을 이기고
열한 살이 할아버지, 할머니를 이기는 건
사랑이 두려움을 몰아내기 때문이에요.

세상에 사랑이 가득하다면
두려워할 일이 하나도 없을 거예요.
약자가 강자를 두려워하지 않고 편안하게 다가가는 세상,
강자가 약자에게 손을 내밀며 함께 웃는 세상,
서로를 아기 보듯 하면 이런 세상이 오지 않을까요!

준범이 손

김백현(도계초 3)

대구에 가서 만두를 먹었다.
네 살 동생 준범이가
만두를 계속 손으로 만지작거린다.
동생 준범이는 만두를 먹고 싶나 보다.

만두를 손에 얹어주었더니
손에 가득하다.

백현이에게 만두 하나는
준범이에게 한 손 가득입니다.
백현이는 만두 하나 안 먹어도 상관없지만
준범이는 이 만두 안 먹으면 서럽습니다.
백현이에게는 그저 만두 하나이지만
네 살 준범이에게는 생사가 걸린 중요한 일이거든요.

둘이 시합을 해서 만두를 따 먹는다면
만두는 틀림없이 백현이 차지입니다.
그러나 백현이는 힘으로 이기지 않습니다.
나이를 내세우지도 않습니다.
만두 하나 덜 먹고
만두가 동생 손에 가득 하는 걸 보는 것만으로도 배부릅니다.
백현이 가슴에 동생을 위하는 마음이 가득하거든요.

조금만 양보하세요.
다른 사람 손을 가득 채운 만두 보며 기뻐하세요.
당신이 진짜 승자입니다.

나쁜 김 씨들!

노승준(삼척초 4)

김수희, 김동음, 김무건
같은 김 씨다.

성격도 비슷하다.
김수희는 꼬집는다.
김동음과 김무건은
포도 먹고 날 보고 치우랜다.

치사한 김 씨 놈들!

승준이는 너무 착해서
옆 짝이 꼬집어도 때리지 않습니다.
장난꾸러기 친구들이 먹은 포도 껍질도 치웁니다.
김씨 놈들에게 치사하다고 말하지만
포도 껍질 치워주고, 꼬집는 친구 곁에 있어주는
참 좋은 친구입니다.

어른인 나는 이거 해라 저거 해라 말은 하지만
포도 껍질도 치워주지 않고
슬퍼하는 아이 곁에 있어주지도 않네요.
치사한 김 씨 놈들이 아니라
치사한 어른이네요.

좋은 어른이 되고 싶은데…….
마음으로는 정말 그러고 싶은데…….

김민호 뒤통수

윤희상(북삼초 2)

공부할 때마다
김민호의 뒤통수를 쳐다본다.
선생님이 안 보실 때마다 본다.

민호 뒤통수를 볼 때마다 재미있다.
그리고 웃기도 한다.
왜 웃는지 모르겠다.

지금도 선생님이 못 보는 사이에
민호의 뒤통수를 보면서 웃고 있다.

학교엔 온갖 즐거움이 있습니다.
학교가 놀이동산이 아니고
풍덩 뛰어드는 바다도 아니고
친척들 모여드는 시골집도 아니지만
아이들이 모여있기 때문에 즐겁습니다.

나뭇잎 하나로도 즐겁고
운동장 달리는 것도 신납니다.
친구 얼굴만 봐도 좋습니다.
선생님 몰래 보는 친구 뒤통수도 즐겁습니다.
떠들고 뛰고 깔깔대며 웃는 게 아이들 일입니다.

아무리 경쟁으로 짓누르고 조여도
아이들은 웃고 떠들고 뛰어다닙니다.
웃지도, 떠들 줄도, 뛰어놀 줄도 모르는 어른이 되기 전에
민호 뒤통수 보면서 신나게 웃겠습니다.

부럽죠? 어른 여러분!!

아이들 노는 모습

류형석(삼척초 4)

위에서
아이들이 노는 모습을 보면
신이 난다.
아무 이유 없이 벅차다.

왜 그러는지 모른다.
하여튼 내 친구들이 노는 걸 보면
나는 좋다.

3층에 있는 교실에서 운동장을 내려다봅니다.
운동장에서 뛰어노는 아이들 모습을 보며
이유 없이 마음이 벅차올라 즐거워합니다.
20분간의 짧은 중간놀이 시간 동안
마음껏 뛰어노는 아이들 모습이 어찌나 좋은지
"보는 것만으로도 행복하구나!"

놀이에 몰두한 아이를 보면 행복하시나요?
웃고 뛰고 떠들고 장난치는 아이들을 보며
아무 이유 없이 벅찬 마음이 드시나요?
아니면 불안하고 화가 나시나요?
공부하지 않고 놀아서 짜증 나시나요?

내가 신나게 놀고 있는데
누군가 불안하고 화난 얼굴로 보고 있다면 어떠세요?
벅찬 마음으로 아이들과 놀아주세요.
놀 땐 놀아야죠!

우리 반 남철환

홍성윤(삼척초 4)

우리 반 철환이는
웃으면 볼이 톡톡 튀어나온다.

그것을 만져본다.
그러면 기분이 좋다.

철환이 동생도
웃으면 볼이 튀어나온다.

아내가 사랑스러우면 처갓집 말뚝 보고 절한대요.
철환이 볼이 사랑스러우니
철환이 동생 볼도 만져보고 싶나 봐요.

성윤이 시를 읽으면 철환이 볼을 만지고 싶어요.
철환이 동생 볼도 보고 싶어요.
그걸 보고 웃는 성윤이도 만나고 싶어요.

아이가 사랑스러우면 무언들 예쁘지 않을까요!
성윤이 마음으로 아이들을 보게 해주세요.
아이 얼굴에서 철환이 볼을 만나게 해주세요.
아이 볼에 떠오른 미소로 힘을 얻어
아이들을 더 사랑하게 해주세요.

철환이 볼을 만지는 기쁨으로
힘들고 지친 부모들 볼이 튀어나오게 해주세요.

얼이

조현준(삼척남초 5)

수업 시간에
얼이가 답을 잘못 말해서

얼굴이
홍시 감처럼
빨갛게 되어버렸다.

맛이 있는
홍시 감처럼.

얼굴 빨개지는 아이 마르슬랭은 이상한 병에 걸려 있었어요.

얼굴이 빨개지는 병이었죠.

마르슬랭은 "그래" 혹은 "아니"라는

말 한마디를 할 때에도 쉽게 얼굴이 빨개졌어요.

……

"왜 나는 얼굴이 빨개지는 걸까?"

……

외톨이가 되어가던 마르슬랭은

아무 이유 없이 재채기하는 르네 라토를 만나 친구가 되었어요.*

얼이는 외톨이가 되지 않았어요.

현준이가 계속 친구가 되었거든요.

현준이는 빨개지는 얼이 얼굴을 사랑했어요.

현준이가 좋아하는 홍시 감을 닮았거든요.

얼굴 빨개져도 괜찮아요.

얼굴 빨개지는 아이에게 친구가 되어주세요.

당신의 재채기하는 병을 이해해줄 거예요.

*《얼굴 빨개지는 아이》, 장 자크 상뻬, 열린책들

박주혜의 설거지

이해주(삼척남초 4)

주혜는
나에게 설거지만 시키는 박주혜
자기네 집에서 밥 먹었다고
설거지를 시켜!
그러니까 나쁜 주혜지!

우리 집에 밥 먹으러 오면
주혜도 설거지시켜야지!

해주야,
친구에게 그러면 안 된단다.
서로 양보하고 사이좋게 지내야지!

이렇게 말하지 않아도 해주는 주혜랑 친해요.
너무 친해서 설거지시키겠다고 화풀이를 했죠.
콩 놔라 대추 놔라 하지 않아도
해주는 주혜랑 사이좋게 잘 지냅니다.

때론 그러면 안 된다고 말하는 것보다
아무 말 하지 말고 지켜보세요.
'그랬구나!' 하면서 들어주세요.
모든 걸 아이들에게 맡기면 안 되지만
어떤 건 꼭 아이들에게 맡기세요.
그래야 아이가 자라거든요.

싸움

배강익(마읍분교 6)

아침부터 형제끼리 싸운다.
아이들은 재미있어 죽는다.
오~ 발차기,
돌려차기가 나온다.

싸움 난 애들은
선생님이 오시거나 말거나 계속 싸운다.
선생님이 들어오라고 하자 싸움이 끝난다.

형제는 복도에서 마주쳐도
째려본다.

굽이진 골짜기와 언덕을 지나
학교가 보이는 곳까지 다 갔는데
두 형제가 벌게진 얼굴로 씩씩대며
가방 메고 집으로 돌아가고 있었습니다.
왜 집으로 돌아가느냐고 물었더니
다시는 학교에 안 오겠다며,
전학 가겠다고 화를 냈습니다.
형인 4학년 아이가 학교에서 6학년과 싸웠답니다.
1학년 동생은 형이 전학 가면 자기도 간다고 따라나섰습니다.

발차기, 돌려차기하면서
복도에서 마주쳐도 째려보던 형제가
서로를 지켜주고 응원하는 사나이였군요.

몇 년 뒤에 부모님께 '전학 사건의 추억'을 말했더니
둘이 틈만 나면 싸우면서도 끔찍하게 위한다고 하네요.
초등학교 형제의 싸움은
의리를 다지는 도원결의*인가 봅니다.

* 《삼국지》에서 유비, 관우, 장비가 의형제를 맺기로 한 결심.

동생에게 미안해

유미경(정라초 5)

동생 생일 때
곰돌이 인형을 선물하려다가 들켰다.
"나 줄 거야?"

주고 싶은 마음이 싹 사라졌다.
"네 거 아니야!"

동생이 실망한 것 같다.
동생에게 심술을 부려 미안하다.

내가 원한 때에
동생 몰래 선물 주려던 계획이 의도대로 되지 않는다면
처음에 가진 착한 마음마저 바꾸는 못난 자아여!

작은 일에 연연해서
큰 계획을 망가뜨리는 잘못된 자존심이여!

비록 동생에게 들켜서
몰래 주려던 계획이 무너지더라도
처음에 가진 착한 마음을 지킬 능력이 우리에게 있다면……
착한 마음 싹 사라지기 전에
미안해서라도 동생을 실망시키지 않는다면……
이게 가장 큰 선물 아닐까?

심술부리지 말고 동생에게 곰돌이 인형을 주세요.
잠깐 자존심 내려놓고 마음을 선물하세요.
우린 가족이잖아요.

외계인, 지구의 변화에 놀라다
—동물, 식물, 계절

봄이 오면

홍성표(삼척남초 5)

겨울이 지나면 봄
봄이 오면 모든 것이 바뀐다.

눈이 사르르 녹고
차가운 바람이 따스한 바람으로 바뀐다.

유치원이 1학년으로,
한 학년씩 바뀐다.

듬직한 형들과 동생들이 보기 좋다.

자주 변해야 잘 사는 걸까요?

변하지 않고 한결같아야 잘 사는 걸까요?

4계절이 한 번 바뀌면 한 해가 지나고

강산이 한 번 변하면 기억이 휘익 지나가 버립니다.

누가 뭐라 하지 않아도 자연은 한결같은 태도로 움직입니다.

우리가 손가락 까딱하지 않아도

지구와 우주를 감싸 안은 자연계는 변해야 할 때 변합니다.

눈을 녹이고 따스한 바람을 보냅니다.

사람도 변합니다.

1학년이 되면 유치원 때와 많이 달라집니다.

2학년이 되어도 1학년 때와는 많이 다릅니다.

그러나 나이가 들수록 바뀌지 않습니다.

어릴 때는 발버둥 치지 않아도 자꾸 변하는데

어른이 되면 단단해진 껍질이 깨지지 않습니다.

우리가 겨울을 너무 오래 사는 걸까요?

봄

김시영(마읍분교 4)

봄이 오면 다들
바쁘게 움직이네!

우리는 돌을 고르고
엄마는 꽃씨를 심고
"영차영차!"

우리 집은 봄기운이 난다네!

시골 농부와 도시 회사원이 봄을 맞이합니다.

농부는 겨우내 봄을 기다리며 농사를 준비합니다.
봄이 되면 날씨를 살펴 가며 씨를 뿌립니다.
땀 흘려가며 일하지만 열매가 얼마나 열릴지 모릅니다.
비가 많이 오기도 하고 적게 오기도 하니까요.
느닷없이 태풍이 오거나 갑자기 추워지기도 하니까요.
그래서 농부는 땀 흘려 일한 뒤에
자연이 풍요로움을 선사하기를 기대하며 묵묵히 기다립니다.

도시 사람에게 겨울과 봄의 차이는 온도뿐입니다.
입는 옷, 먹는 음식이 달라지지만 하는 일은 똑같습니다.
비가 많이 오건 적게 오건 상관없습니다.
그래서 도시 사람은 기다리지 않고 매달립니다.
더 높은 연봉, 더 높은 지위, 더 편안한 자리……

농부는 씨 뿌리고 기르면서 기다립니다.
도시인은 계획하고 안달하며 쫓아다닙니다.
하늘을 바라보며 기다리는 농부의 마음으로 살아간다면
콘크리트 건물들 사이에도 풍요와 여유의 꽃이 피지 않을까요!

봄

김원균(삼척남 6)

개나리가 피면
봄이 시작된다.
분홍빛 진달래도 덩달아 핀다.

봄이 오면
기분이 괜히 좋아진다.
날도 밝아지고 봄비도 내린다.

봄은 철새같이
해만 되면 돌아온다.

자연은 겨울마다 얼음을 얼리고
봄에는 얼음을 다시 녹여 싹을 틔우고
여름에는 태양을 끌어당겨 대지를 뜨겁게 달구고
가을에는 일제히 열매가 맺히게 합니다.
수백 년, 수천 년 한결같이 바람과 별과 철새에게
명령을 내립니다.

어른들은 계절의 변화에 조금씩 무뎌져서
가을에 개나리가 피거나 겨울에 더워야 놀랍니다.
아이들만은 자연을 대하는 감각이 온전하게 살아있어서
계절의 변화에 격렬하게 반응합니다.

해마다 돌아오는 계절이
어떤 사람에게는 꾸준한 되풀이에 불과하고
다른 사람에게는 약간의 새로움을 주지만
아이들에겐 자연의 위대한 감각이 선사한 북소리입니다.
"북을 울려라. 봄이 오고 있다.
꽃들이 전성기를 맞고 아이들이 꿈을 꾸도록 북을 울려라."

아이들 눈으로 시간의 변화를 바라보세요.
그럼 날마다의 삶이 놀라움으로 가득할 겁니다.

봄에 따뜻한 바람

○○○(4학년 여)

급식 시간에 계단으로 내려가면
따뜻한 바람이 솔솔 불어온다.

나한테 나쁜 일이 있을 때
따뜻한 바람이 안정시키는 것 같다.
꼭 엄마 같다.

그 바람을 맞을 때마다
엄마가 날 감싸주는 느낌이 든다.
"엄마, 저 꼭 잘 자라서 돌아갈게요."

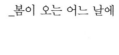

_봄이 오는 어느 날에

엄마, 외할머니와 함께 우리나라 서쪽에서 살다가
어느 날 갑자기 동쪽 끝으로 훌쩍 떠밀려
아빠, 할머니와 살게 되었습니다.
한 달 뒤에 아빠마저 아이 곁을 떠났습니다.

변화는 누구에게나 힘듭니다.
엄마랑 헤어지고, 아빠마저 떠나는 변화라면 더욱.
중요한 걸 잃은 빈자리를 무엇으로도 채우지 못하는 변화라면
더더욱.

아이는 중요한 걸 잃어버린 모습으로 살았습니다.
말이 없고, 자신감이 없고, 쓸쓸한 표정으로
친구, 선생님, 할머니 누구에게도 마음을 열지 않았습니다.
추운 바람이 누그러들고 따뜻한 바람이 불 때
이미 일어나버린 결과를 그리움으로 받아들이고
새로운 바람에 마음을 맡기게 되었습니다.

봄이 옵니다. 따뜻한 바람이 붑니다.
잘 자라서 돌아오세요.
우리를 사랑으로 감싸 안아줄 누군가를 기대하며…….

식물

김찬묵(삼척초 4)

땅에 박혀
움직이지 못하는 식물.

해가 뜨면서
위험과 싸움 시작이다.

나는 식물 편이다.

"사람들은 뿌리가 없어서 불편하겠다."
생텍쥐페리는 뿌리 깊은 나무의 든든함을 부러워했죠.
사람에게도 그런 뿌리가 있으면 좋겠다고 했어요.
찬묵이는 한 곳에만 뿌리박는 식물의 고집을 보았죠.
꼼짝도 못 하고 위험을 마주하며 싸워야 하는
슬픈 운명 말이에요.
뿌리를 가진 나무의 깊음이 부럽지만
뿌리 때문에 움직이지 못해서 겪는 위험이 안타까워요.

위험을 이겨내고 생명을 길어 올리려면 어떻게 해야 할까요?
거들떠보지 않는 생명,
사람들 발길에 차여 생명처럼 보이지 않는 생명,
그 생명 편에 서서 살아가는 사람이 있어야겠죠.
찬묵이처럼 식물 편에 서고,
생텍쥐페리처럼 식물에 배우려는 사람 말이에요.

우리가 서로의 편이 된다면
우리에게 뿌리가 없더라도 견딜 수 있을 거예요.
서로가 서로에게 뿌리가 되어줄 테니까요.
꼼짝 못 하게 만드는 절망을 만나도 이겨낼 수 있을 거예요.
서로가 서로에게 친구 편, 이웃 편, 가족 편이 되어준다면…….

새싹

김다은(북삼초 2)

새싹을 보면 눈을 뗄 수 없다.
작고 예쁘니까.

조롱조롱 매달린 초록색 풀잎.
그 위에 새싹

사람들이 밟지 않게
구석에 있으면 좋겠다.

넓은 가지로 사람들에게 그늘을 주는 큰 나무가 되어라.
"어떻게?"
뛰어난 재능, 화려한 스펙, 좋은 점수, 이름난 대학……
화려한 조명과 멋진 선물을 누리는 승자의 삶.
숲의 한가운데 우뚝 서서 자잘한 나무를 내려다보며
숲을 휩쓰는 폭풍우까지 비웃는 거목!

수풀이 건강한 건 거목 때문이 아니에요.
밟혀 뭉개져 상처를 받았지만 다시 싹을 내미는 의지,
부러진 가지에 새순을 돋게 하는 숲의 생명력,
무엇보다,
구석에 있는 작은 새싹을 걱정하는 다은이의 마음 때문이죠.

구석을 아는 큰 나무를 보고 싶어요.
자신은 사람들 위에 우뚝 솟아있지만
밟힐까 걱정하는 새싹의 두려움을 알고,
나무로 자라면서 입어야 하는 상처를 이해하는……
자신의 몸에 수많은 상처를 갖고 있기 때문에
다른 사람의 상처를 치유하고 감싸 안는
독야청청하지 않는 나무를 보고 싶어요.

우리 밭

이성민(삼척남초 6)

우리 밭은 다른 밭보다
더 빨리 자라는 것 같다.

더 빨리 자라서
우리가 먼저 먹을 것 같다.
벌레도 별로 없는 것 같다.

밭은 조그마하지만
우리 밭이 좋은 것 같다.

운동장 가득 아이들이 뛰어다녀도 우리 반 아이만 보입니다.
뛰는 모습 보면 이름이 생각나고
내 쪽을 보면 나를 보는 것 같습니다.
부모 마음도 똑같겠지요.

우리 아이를 다른 아이와 비교하면 어떨까요?
우리 아이는 키가 작고 보잘것없네요.
다른 아이보다 성적도 낮고 부족한 게 많네요.
잘하는 옆집 아이처럼 하지 않아서 화가 나네요.

사실 성민이네 밭은 작고 보잘것없습니다.
그러나 성민이는 다른 밭 옆에 있는 우리 밭이 아니라
하나밖에 없는 우리 밭으로 바라봅니다.

우리 밭을 우리 밭으로 봐주세요.
성민이가 밭을 보는 마음으로 아이를 바라보세요.
성민이의 기준은 소망입니다.
아이를 가르치는 선생님, 자녀를 기르는 부모님의 소망이
벌레 먹지 않는 열매로 가꿉니다.

앵두

조현준(삼척남초 6)

앵두가 빨갛게 익었다.

우리나라 앵두가 아니다.
일본 앵두이다.
하지만 우리 것보다 맛있다.

우리나라 앵두야
맛있게 자라라!

우리나라 앵두를 좋아하고 싶지만
일본 앵두가 우리 것보다 크고, 달고, 색도 곱네요.
남의 떡이 커 보이는 게 아니라 정말 커요.
자꾸 손이 갑니다.

그저 앵두 하나일 뿐인데,
더 크고 맛있는 거 먹는 게 당연한데,
일본 앵두 먹으면서 미안한 건 왜일까요?

이 마음이 있어서 다행이에요.
작고 맛없고 부족한 존재들이
크지 않아도
맛이 없어도
다른 것과 비교해서 하찮아도
우리 것이라는 존재 자체로 살아갈 가치가 생기잖아요.

작고 부족하고 연약해서 경쟁에서 뒤지는 모든 존재들아,
맛있게 자라라!
우리가 응원한다. 우린 네 편이다.

호박 싹

김수빈(정라초 5)

호박씨를 빼다가 심었다.

첫째 날엔 물도 잘 주고 기분이 좋았다.
둘째 날엔 물을 주긴 했지만 의심이 됐다.
"이게 싹이 날까?"
셋째 날엔 물도 대충 주고 싫증 났다.

그 후에 잊고 있었는데 싹이 났다.
꼬부라져서 날개 펼치듯
큰일 펼치려고 단장하고 있는 것 같다.

꾸미지 않아도 어린 것은 다 예쁘다.
사람이든 싹이든 동물이든.

기대와 의심 끝에 나온 새싹,
무슨 큰일을 벌이려고 단장하고 나왔나?
대지는, 꽃을 통해, 웃는다고 했던 레이첼 카슨처럼
침묵의 봄을 노래하려고 나왔나?

땅에 뿌려지면 새로운 생명을 시작하고야 마는
타고난 생명력 때문이겠지.
기대와 관심이 사라져도
제 할 일을 찾아 깜깜한 흙을 뚫고 나와
꽃을 통해 웃고 싶은 마음이 넘쳐나기 때문이겠지.

씨에서 싹이 나는 것만으로도 이렇게 좋은데
어린아이가 자라는 모습이 얼마나 아름다운지!
어떻게 자랄까 걱정되기도 하지만
아이들은 모두 큰일 펼치려고 꿈틀거린다.

예쁘게 봐주세요.
아이는, 부모의 기대를 통해, 웃습니다.

도로의 나뭇잎들

송예원(소달초 4)

도로의 나뭇잎들이
바람에 날려 횡단보도를 건넌다.
사람처럼.

차가 오면 가지 않고 기다린다.
차가 가면 그제야
횡단보도를 건넌다.

옆에 다른 나뭇잎들은
빨리 오라고 춤을 춰준다.
생명이 있는 가을 나뭇잎

더운 여름 열기를 견디며 붙어있던 제집을 떠나
바람에 날려 횡단보도에 떨어진 나뭇잎들이
차가 만들어내는 입김에 휘말려 횡단보도 위를 구릅니다.
차가 오지 않으면 가만히 있다가
차가 지나가면서 바람을 만들어내면 횡단보도를 건넙니다.

먼저 건넌 나뭇잎들은
횡단보도와 인도를 구분 짓는 경계석 아래에 옹기종기 모여
경계석을 넘고 싶은 마음을
'파르르' 떠는 춤으로 표현합니다.

나뭇잎이야 여기서 날리고 저기를 몰려다니는데
예원이 마음에는 무엇이 있어서
횡단보도에서 가을의 생명을 보았을까요?
굴러다니는 나뭇잎을 통해
가을의 생명을 느끼는 마음이 부럽습니다.
예원이처럼 생명이 주는 기쁨을 만끽하며 살아간다면
순간순간이 풍요로움으로 가득할 거예요.

옥수수 심기

배강길(마읍분교 6)

크면 우리가 먹는 옥수수
지금 옥수수 씨앗이 새 삶을 시작한다.

땅속에 파묻혀
캄캄한 세상을 살다가
작은 씨앗으로 시작해
바깥세상으로 나온다.

오늘도
한 옥수수 씨앗이 새 삶을 시작한다.

땅속에 파묻혀 캄캄한 세상을 사는 아이를 여럿 만났습니다.
부모가 싸우면 지진이 나는 것 같다는 아이,
부모의 이혼 때문에 자기만의 동굴에 들어가 웅크린 아이,
욕설과 학대에 주눅이 들어
불장난을 하며 희열을 느끼는 아이,
점심은 학교에서 먹는 급식,
저녁은 학교에서 가져간 급식,
아침은 학교에서 가져가 먹다 남은 급식으로 해결하는 아이,
……

비록 지금은 눈에 보이지도 않을 만큼 작은 씨앗이지만
캄캄한 세상을 뚫고 나와 싹을 틔우고
밝은 바깥세상에서 새 삶을 시작하게 해주세요.
인생은 저마다 작품을 만들어가는 과정이라는 걸
알게 해주세요.
언젠가
땅속에 파묻혀 깜깜한 세상을 사는 아이를 만나면
한 옥수수 씨앗이 새 삶을 시작한 이야기를 들려줄 거예요.
그래서 언젠가
우리가 사는 세상이 초록빛 옥수수 언덕이 되게 만들 거예요.
여러분, 함께 옥수수를 심어요.

옥수수

이유림(노곡분교 4)

옥수수가 고개 숙인다.
"할머니 그동안 고맙습니다." 하고 인사한다.

할머니는 허리가 아프다고 하면서도
정성껏 키우신다.
할머니도 고개 숙이며 인사한다.

할머니가 정성껏 키운 옥수수
허리 숙이는 옥수수와 할머니에게 너무 미안하지만
너무 맛있어서 나도 미안!

벼가 익으면 고개를 숙이듯이 옥수수도 고개를 숙입니다.
옥수수 꼭대기에 난 꽃가루가
줄기에 붙어있는 암술에 내려앉기 위해서죠.

고개 숙인 옥수수 줄기 곁에서
할머니가 고개를 숙여 옥수수를 땁니다.
옥수수가 인사하네요.
"할머니, 안녕하세요. 힘드시죠?"
할머니도 인사합니다.
"옥수수를 줘서 고맙구나!"
고개 숙인 옥수수와 고개 숙인 할머니 덕에
손녀가 고개 숙여 옥수수를 먹습니다.

더운 여름 견디며 맛난 열매를 내어준 옥수수야, 미안!
땀 흘리며 옥수수 딴 할머니, 먹기만 해서 미안해요.
옥수수와 할머니가 고개 숙여 베푸신 사랑 덕분에
손녀가 맛있게 옥수수를 먹습니다.
"감사합니다."

날씨가 흐린 날

김지혜(도계초 3)

날씨가 흐리다.
비가 와서 운동장이 젖었다.
전깃줄에는 빗방울이
대롱대롱
박처럼 달렸다.

빗방울

이성범(도계초 3)

빨랫줄에 빗방울
물구나무를 서고 있다.
여러 개가 모이면
뚝 떨어진다.
"야! 떨어진다, 아야!"

전깃줄에 빗방울이 달리고
빨랫줄에도 빗방울이 매달려 있어요.
지혜 눈에는 박처럼 보이고
성범이 눈에는 물구나무선 것처럼 보여요.

'으이쿠, 머리에 떨어질라!'
누구에겐 피해야 할 물 덩어리인데
지혜와 성범이는 다른 눈으로 보고 있네요.

아이들에게는 세상이 온통 새로워요.
비 오는 날 매달린 물방울도,
해가 쨍쨍 나는 날 지나가는 구름도,
쌩쌩 몰아치는 바람과 빙글빙글 도는 회오리도……

어른이 된다는 건,
새로움을 잃어가는 거 아닐까요?
어제 같은 오늘, 오늘 같은 내일을 되풀이하며
사방에서 벌어지는 온갖 축제를 보지 못하고
색맹, 근시, 원시, 난시가 되어가는 건 아닐까요?

내일은 맑음

최진열(삼척초 6)

오늘은 별이 정말 밝다.
정말, 아주, 진짜로……

하지만 너무 밝은 게 왠지 부담스럽다.
그냥 보통의 수수한 별빛이 좋다.

너무 화려한 건 언젠간 질리게 된다.

하나님,

화려한 조명 한가운데 '내'가 있기 원합니다.

손에 닿는 것을 모두 황금으로 바꾸었던 미다스의 손처럼

제가 하는 일이 모두 황금으로 빛나게 해주세요.

저는 화려함에 질리지 않으니 '나'를 계속 화려하게 해주세요.

이런 일이 이루어진다면 어떨까요?

내가 화려한 무대 한가운데 서서 별처럼 빛나면 좋을까요?

화려한 건 언젠가 질리게 된답니다.

내가 무대에 질린다면 무대 밖으로 뛰쳐나가면 되겠지만

사람들이 내게 질리면 도망갈 데가 없어요.

수수한 사람이 되게 해주세요.

손잡아주는 게 부담스럽지 않은

질리지 않는 따뜻한 사람이 되게 해주세요.

이름 없이 빛도 없이 섬겨야 하더라도

아이들이 질리지 않는,

아이들에게 질리지 않는 교사가 되게 해주세요.

수수하게 오래도록 빛나는 별빛처럼.

벌레

방 안에 조그만 벌레가
수학 공책 위에 앉아 있었습니다.
벌레를 연필 위에 앉혀 놓았습니다.
꼼지락 벌레가 움직였습니다.
무척 귀여웠습니다.

그런데 엄마가 손으로 벌레를 죽여버렸습니다.
엄마 보고 "죽이지 마세요!" 했는데
엄마는 벌써 벌레를 죽인 뒤였습니다.

엄마 미워요!

슬하 눈에는 꼼지락 벌레가 사랑스럽습니다.
슬하가 보는 세상에는 아름답고 좋은 것이 가득합니다.
비록 말이 통하지 않고, 사는 모습이 다르지만
눈앞에서 꼼지락거리며 움직여주는 것만으로도 행복합니다.

슬하가 보는 아름다운 것들을 보지 못하는 엄마에게는
벌레가 죽어야 할 해충으로 보입니다.
슬하처럼 보지 못하기 때문에 미운 짓을 합니다.

20년 뒤엔, 아니 10년만 지나도
슬하가 여전히 벌레를 사랑스럽게 생각할까요?
비명 지르게 만드는 해충이 되지는 않을까요?

지금, 여기에서 귀엽고 아름답게 보이는 것이
다른 시간과 공간에서는 다르게 보이기도 합니다.
그때가 오기 전에 충분히 귀여워해 주세요.
벌레도, 아이도.

모기

김은미(도계초 1)

오늘 밤에 우리 집에
모기가 한 마리 날아다녔다.

나는 왠지 턱이 개려웠다.*

우리 집에 모기가 들어와서 그런지
턱이 자꾸자꾸 개렵다.

* 강원도 사투리. 개려웠다-가려웠다. 개렵다-가렵다

〈모기를 증오함〉*

정약용

사나운 범 울 밑에서 으르렁대도
내 능히 코 골며 잠잘 수 있고,
구렁이가 집 모퉁이 걸려 있어도
그저 누워 꿈틀댐을 구경한다네.
모기 한 놈 앵앵대는 소리 귀에 들리면
기겁해 담 떨어져 오장이 졸아붙네
주둥이를 박아서 피나 빨면 그만이나
독을 쏘아 뼛속까지 스며드니 어찌하리
삼베 이불 꼭 덮고서 이마 겨우 내놓아도
잠깐 만에 울퉁불퉁 부처 머리 같아진다.
제 손으로 제 뺨 쳐도 허탕 치기 일쑤요
허벅지 급히 쳐도 먼저 알고 달아나네.
싸워봐야 소용없어 잠을 아예 못 이루니
지루한 여름밤이 1년과 맞잡일세.
네 자질 잗달고 종족도 미천커늘
어이해 사람 보면 침부터 흘리느뇨
밤에 다님 참으로 도둑 심보니
피를 먹음 어진 이가 어이하리오.
예전에 규장각서 교서할 때 떠올리면
건물 앞에 푸른 솔과 흰 학이 서있어서
6월에도 파리조차 꼼짝하지 못하였고
대자리서 편히 쉬며 매미 소릴 들었었네.
지금은 흙바닥에 거적 깔고 지내느니
내가 너를 부른 게지 네 잘못 아니로다.

*《책벌레와 메모광》, 정민, 문학동네. 정약용이 유배지에서 모기를 견디다 못해 지
은 시다.

궁금증

노승준(삼척초 4)

소가 되새김질을 한다.
되돌려보기 하는 느낌이 든다.
왜 되새김질하는지 궁금하다.

소는 착하다고 들었는데
자기가 한 일을 되새겨서
후회하는 것 같다.

소들이 자유롭게 뛰어노는 방목장 사이로 난 길을 걷다가
우람한 뿔을 가진, 다 자란 황소를 만났다.
소가 길 한가운데 서서 나를 노려보았다.
금방이라도 내게 달려들 것 같아
길에서 비켜나 적당히 거리를 유지하며 슬며시 돌아갔다.
소가 어슬렁어슬렁 내게 다가왔지만
이상하게도 내가 아니라 내 뒤 어디쯤을 바라보는 것 같았다.

소가 공간 사이의 거리를 느끼지 못한다는 걸 알았다면,
소가 거의 모든 방향을 볼 수 있지만
얼마나 떨어져 있는지 모른다는 사실을 알았다면,
그래서 자기 그림자에도 화들짝 놀란다는* 사실을 알았다면
두려워하지 않았을 텐데……

어쩌면 소는 공간 사이의 거리를 느끼지 못하기 때문에
공간이 주는 두려움을 이겨내기 위해
한 자리에 주저앉아
시간 사이의 거리를 되새기며 음식을 다시 씹는 건 아닐까?

*《나는 이제 두렵지 않습니다》, 카렌 스피어스 자카리아스, 새물결플러스

지렁이

반예림(정라초 5)

과학 시간이다.
이날 하루만큼은
내 생애 최악의 날이다.

패트리 접시 속에서
유유히 기어 다니는 그것.
그 모양 그 꼴로 태어나서
나를 힘들게 하는 그것

아무리 흙을 좋게 해줘도
그 모양인 걸 어떻게 하니!
지렁아?

지렁이의 변(辯)

나도 이렇게 생기고 싶어서 이 모양으로 살아가는 게 아니다.
땅속에 살게 놔두면 눈에 안 띄게 조용히 지냈을 텐데
햇빛 비치는 곳에 꺼냈으니 몸서리를 칠 수밖에 없지.

물고기를 물 밖으로 꺼내면 팔딱거리고
새를 붙잡으면 푸드덕거리듯이
나도 살려달라고 온몸으로 외치는 거다.
입이 없어서 몸으로 외치는 아우성,
다리 없는 몸으로 어떻게든 살아보려는 몸부림을 보고
너는 그저 징그럽다고만 하는구나!

내 힘으로 내 모습을 바꾸지 못한다.
나를 바라보는 네 마음을 바꾸는 게 어떻겠니?
최선이 되기는 어렵겠지만 최악은 아닐 거다.
나이가 들면 나를 볼 일이 거의 없을 거다.
그때가 되면 알게 될 거다.
내가 아니라 사람이 너를 힘들게 한다는 걸.

백호

이호종(삼척초 6)

우리 집 개 이름은 백호다.
지금은 잃어버렸다.
앞산에 가서 살림을 차린 것 같다.

오늘 그 백호를 봤다.
백호 새끼가 꽤나 큰 것 같다.
백호 새끼는 오늘 처음 봤다.
어디에 사나 보려고 따라가는데
심부름 때문에 할 수 없이 놓쳤다.
아깝다.
꼭 어디서 뭘 먹고 잘 사는지 보고 싶은데…….

울 것 같다.

계속 눈물이 고인다.

부모 마음이 이런 것일까?

1분 뒤, "들어오기만 해봐라. 가만 놔두나 보자!"

1시간 뒤, "이 시간에 어딜 싸돌아다니는 거야, 이걸 확 그냥~!"

2시간 뒤, "내가 어쩌다 이런 자식 낳아서 이 고생일까!"

3시간 뒤, "어디서 무얼 하고 다니기에 아직도 안 들어올까?"

4시간 뒤, "아직도 안 들어오네. 무슨 일이 생긴 건 아닐까?"

5시간 뒤, "별것 아닌데 괜히 화를 냈나? 내가 좀 참을 걸……."

6시간 뒤, "무슨 일이 생긴 거야. 경찰에 전화할까?"

7시간 뒤, "내가 잘못했다. 제발 들어오기만 해라."

시간이 지날수록 점점 안절부절하다가 아예 밖에서 기다린다.

집 떠난 백호를 보는 호종이 마음이 부모 마음이겠지요.

아니, 부모들이 호종이 마음을 가져야겠지요.

그럼 아이들이 부모 곁을 떠나지 않을 거예요.

자식을 위해 눈물 흘려 기도하는 어머니를 둔 자녀는

결코 망하지 않는다고 했던 어거스틴의 말을 믿으세요.

부모의 사랑이 아이가 건강하게 자라게 합니다.

개 팔자가 상팔자

조은주(삼척남초 6)

우리 집 방울이와
다영이네 흰둥이가
싸움을 벌였네

개 팔자가 상팔자라더니
할 일 없으니 싸우기만 하네
이놈의 개새끼들
놀기만 하고.

개 팔자가 상팔자 Ⅱ

시험을 앞둔 아이의 눈에는
개 팔자가 상팔자

친구들 때문에 마음이 힘든 아이
부모의 잔소리에 지친 아이에게도
개 팔자가 상팔자

학교 끝나면 학원 때문에 놀지 못하고
학원 끝나면 숙제 때문에 놀지 못하고
숙제 끝나면 이미 늦어버려 잠 잘 시간마저 부족한 아이에게는
개팔자가 상팔자

놀고 싶어도 놀지 못하는 아이들에게
개라도 한 마리 사줘야 할까 보다.
상팔자인 개 끌어안고

개 팔자가 되게.

개미

김근기(삼척초 6)

개미가 모래 구덩이에 빠졌다.
나가려고 허우적댄다.
나가려고 발버둥 쳐봐도
모래가 무너져 나갈 수가 없다.
개미가 드디어 탈출에 성공했다.

모래 구덩이는 어른들!
개미는 우리들이다.
언제쯤 우리는
모래 구덩이 바깥으로 나갈 수 있을까?

부모가 술에 취해 너를 혼자 내버려 두었니?
너보다 좋아하는 다른 것에 빠져 너를 방치했니?
너를 때리고 괴롭혔니?

가르치지는 않고 지적만 해대는 교사를 만났니?
네가 가망 없다고 비난만 하는 교사를 만난 거니?
자기도 못하면서 네게 하라고 시키기만 하더니?

개미들이 가는 길에서 벗어나
네가 혼자 다른 곳에 호기심을 보일 때마다
쓸데없는 짓 하지 말고 공부하라는 말을 지나치게 들은 거니?
그것도 아니라면 견디다 못해 스스로 모래 구덩이에 들어갔니?

너를 구덩이에 빠뜨린 사람 원망하면 마음이 시원하겠지만
원망은 네 발목을 붙잡아 구덩이로 끌어내린단다.
어떨 때는 원인을 알아야 결과가 바뀌지만
이런 경우에는 원인을 알아도 결과가 달라지지 않는단다.
뛰어넘어야 한다.
모래 구덩이 바깥을 바라보며 네 힘으로 뛰어넘어야 한다.

돼지

김찬묵(삼척초 4)

오늘 삼겹살을 먹었다.
기름기가 차르르 흐르는 게 침이 꼴깍 넘어갔다.
그 맛이 아직도 기억난다.

보기만 해도 둔하고 더러운 돼지가
이렇게 맛있는 고기가 되다니!
놀랍기만 하다.

더군다나 깨끗하고 똑똑한 사람은 잘난 척만 하니
돼지가 낫다.

까마귀를 두고
겉이 검은들 속조차 검을까 했습니다.
백로를 두고
겉 희고 속 검은 이 너뿐인가 하노라 했습니다.
500년 전 이 땅에 살았던 선비들도
돼지의 더러움 안에 감춰진 다른 면을 보곤 했습니다.

얼핏 보기엔 좋지 않고 가치 없어 보이지만
보기와 달리 숨겨진 가치를 담은 것이 많습니다.
반면, 깨끗하고 똑똑해 보이지만
알고 보면 잘난 척만 하는 돼지만도 못한 사람도 많습니다.
누구나 보는 모습과 다르게 보는
찬묵이의 눈이 필요한 세상입니다.

찬묵이에게 3연을 이해하기 쉽게 고치라 말하고 싶지만
글이 주는 느낌을 깨뜨릴 것 같아 그냥 두었습니다.
대신 이렇게 물어보고 싶네요.

"너는 어떤 사람이 되고 싶으냐?"

가재

변준호(삼척남초 6)

가재를 키운다.
양어장 거랑*에서 잡았다.
집게 없는 놈이 많다.
가장 큰 놈이 왕이다.
지 맘에 안 들면 큰 가재 집게로 집는다.
다 덤비면 이길 수 있는데……

왕가재한테 빌붙어 다니는 놈이 있다.
집게도 다 있는 놈이다.
왕보다 빌붙어 다니는 놈이 더 나쁘다.

가재 왕이랑 빌붙어 다니는 놈,
내가 잡아먹어야겠다.
둘이 집게를 다 자르기 때문이다.
살찐 왕 맛있겠다.

* 강원도 사투리. 개울.

산골 마을 좁은 개울가에도 권력다툼이 있습니다.
가장 큰 가재가 왕이 되고
왕보다 약한 가재들은 집게를 잃었습니다.
집게 잃지 않으려면 왕에게 빌붙어야 하나 봅니다.

약한 가재 괴롭히며 우쭐대는 왕가재도 밉고
왕에게 아부해서 자기 배를 채우는 놈도 밉습니다.
그렇지만 미워한다고 세상이 바뀌지 않습니다.
현실을 바꾸지 못하는 답답함에 흉이나 보는 거지요.

준호가 왕가재와 빌붙어 다니는 놈을 잡아먹으면
다른 놈이 왕 자리를 차지하겠지요.
그 가재가 사라지면 다른 놈이 또 나설 겁니다.
그래도 준호가 있어서 다행입니다.
준호처럼 생각하는 사람이 많아지면
왕가재가 자기 마음대로 하지 못할 테니까요.

못된 어미 소

김다영(삼척남초 3)

"찰싹찰싹"
어미 소는 늘 발로 새끼를 걷어찬다.
"으! 나 죽겠네!" 새끼 소가 소리친다.
어미 소는 계모, 새끼에게 젖도 안 준다.

못 먹어서 그런지 엉덩이에 소똥이!
못 먹어서 그런지 주둥이와 바닥에 누런 물
밥도 안 줘! 쭈쭈 안 줘!
새끼 소에 눈물이 글썽!
글썽글썽 눈물 맺히다 울음이 팡팡 쏟아지네.

내가 사서 밥을 줄까?
내가 사서 친구 할까?
불쌍한 새끼 송아지!
새끼 소는 속으로 "형만 좋아해!"
어미 소가 새끼 소를 좋아했으면…….

동물들은 약육강식의 세계에서 살아남기 위해
강자 위주의 생존전략을 세웠습니다.
강한 놈이 먼저 먹고 약한 놈은 남은 걸 먹습니다.
그래야 하나라도 살아남습니다.

어미 소가 송아지를 두 마리 낳았나 봅니다.
자연의 법칙에 따라 어미 소는 형을 먼저 챙깁니다.
형이 먹고 남으면 동생 소에게 젖을 주겠지요.

열 손가락 깨물어 아프지 않은 손가락 없다는 말은
동물들 세계에서는 통하지 않습니다.
그러나 이젠 인간 세계에서도 못된 어미 소가 보입니다.
약한 새끼 송아지가 행복하게 살아가는 모습을 보고 싶어서
남의 손가락도 내 손가락처럼 귀하게 여기는 사람도 있지만
새끼를 걷어차고 먹이지 않는 못된 어미도 있습니다.

강자 위주의 생존전략을 깨뜨리는 다영이 마음이 예쁩니다.
이 땅의 모든 부모가 열 손가락 모두 소중하게 여기면
모든 손가락이 행복해질 텐데 말입니다.

개야, 싸우지 마!

김경식(삼척남초 4)

우리 집 개끼리 싸웠다.
흰 개랑 검은 개랑 싸웠다.

말려도 계속 물어뜯는다.
막 때려도 놓지 않는다.
막대기로 때려도 귀를 놓지 않는다.
물을 한방 퍼부으니까 싸움을 그친다.

흰 개는 쩔뚝쩔뚝거리고
검은 개는 물을 턴다.
흰 개가 불쌍해서 수건으로 닦아주니
꼬리를 살랑살랑 흔든다.

동물을 바라보는 아이들의 마음은 낮은 곳을 향합니다.
괴롭힘을 당하는 동물에게 손을 내밉니다.
이긴 개의 용맹성에 박수를 보내기보다
절뚝거리는 개를 도와주려는 마음이 더 큽니다.
당당하게 물을 터는 개보다 낑낑대는 개에게 마음이 갑니다.

말리는 사람이 있어서 얼마나 다행인지 모릅니다.
다시 싸우면 검은 개가 흰 개를 또 괴롭힐 겁니다.
"개야, 싸우지 마!"
공평하게 둘 다 싸움을 멈추라는 말이 아니라
흰 개를 괴롭히지 말라는 뜻입니다.

"엄마, 아빠 싸우지 마!" 자녀를 위해서.
"얘들아, 싸우지 마!" 약한 친구를 위해서.
"국회에서 싸우지 마!" 국민을 위해서.

흰 개가 꼬리를 살랑살랑 흔드네요.
감사해요. 싸움을 멈춰주어서.

병아리의 죽음

홍성표(삼척남초 6)

미술 시간 끝나고 쉬는 시간에
병아리 시체를 봤다.
눈이 썩어있고
피가 다 말라 있다.
죽은 지 오래된 것 같다.

그렇게 잘 날아다니고
잘 뛰어다니던 병아리가……

난 죽음이 싫다.
왜 살아있는 건 언제나 죽을까?

아이들과 토끼와 닭을 길렀습니다.
비어있던 넓은 온실이 집이 되었고
학교 뒷마당은 놀이터,
무궁화 나무 밑은 닭의 모래 목욕실로 바뀌었습니다.

풀을 뜯어 먹이고 지렁이를 잡아 먹였습니다.
김장하는 집, 당근 캐는 집 찾아다니며
리어카 가득 먹이를 챙겨왔습니다.
칡넝쿨 잘라 몸에 둘둘 감고 오면서
이것 먹으며 겨울을 잘 나겠구나 생각했습니다.

아이들 사랑을 받고 자란 토끼와 닭이 새끼를 낳았습니다.
토끼는 아이들이 몇 마리씩 집에 가져갔고
병아리는 어미 닭을 따라 운동장에서 함께 놀았습니다.

출석부에는 없지만 토끼와 병아리도 우리 반 친구였는데
'왜 살아있는 건 언제나 죽을까?' 하는
물음을 남기고 떠났네요.
그러게요.
왜 살아있는 건 언제나 죽을까요?

병아리

병아리가 죽었다.
새벽 3시 반에 일어나니 베개에 깔려 죽었다.
나 때문에 죽었다는 생각이 든다.

나랑 뛰어놀고 내 뱃속에서 놀고
지렁이 잡아주는 생각 하면 눈물이 나온다.
불을 꺼도 머리에는 병아리 소리가 들린다.
그렇게 생각했는데 꿈에도 나타나지 않고……
내가 보고 싶지 않나? 나는 보고 싶어 울었는데……
공부 끝나고 집에 오니 삐약삐약 소리가 난다.
물방울 소리가 병아리 소리 같다.
이틀밖에 안 됐는데 이렇게 보고 싶을까?

무덤에 가서 땅에 귀를 대고 누웠다.
그래도 보고 싶다.
병아리야! 천국에 가서 보자.
그때 내가 더 잘해줄게!

124 1. 외계인이 보낸 동시

준호는 사나이 중의 사나이입니다.
자전거 타고 덤프트럭과 경주하고 뱀을 잡아 팔았습니다.
학교에 뱀이 나오면 준호가 나와서 잡았습니다.
태풍 루사가 내린 비로 준호네 집이 물에 잠기고 있을 때
아빠가 자기 몫으로 준 송아지 구하러 들어갔다가
송아지 목에 매달려 겨우 나오기도 했습니다.

뱀 잡는 사나이가 병아리 잃고 웁니다.
사랑하는 걸 잃으면 가슴에 구멍이 납니다.
가슴에서 무언가가 자꾸만 빠져나가 텅 비어버립니다.
텅 빈 가슴에서 병아리 소리가 들립니다.
다른 것으로 빈 공간을 채우기 전에는
소리가 계속 들릴 겁니다.

사랑은 자꾸 생각나는 겁니다.
물소리도 병아리 소리처럼 들리고
주위에 있는 모든 사물이 병아리를 생각나게 합니다.
덤프트럭, 뱀, 토끼와 닭 보면 준호가 생각납니다.

준호는 병아리에게, 저는 준호에게
더 잘했어야 하는데 아쉽습니다.

벌과 나비

○○○(○○○ 4)

교실 창문을 열면 벌과 나비가 들어온다.
자기가 들어온 길도 까먹고
나가지 못한다.

벌이 부딪치면
지지직 소리 듣기 싫다.
나비가 부딪치면
소리는 안 나지만 불쌍하다.

벌과 나비도 부딪치면 아플 텐데
차라리 내가 부딪치는 게 낫다.

벌과 나비는 몸이 작다.
나는 몸집이 크다.
그러니 차라리 내가 부딪치는 게 낫다.

아이는 가스폭발 사고를 당해 심한 화상을 입었습니다.
여러 번 피부 이식수술을 했고
날마다 화상 연고를 열 개나 발라야 했습니다.
햇빛을 피하기 위해 공부 시간에도 모자를 썼고
화상 흔적을 가리기 위해 여름에도 토시와 장갑을 꼈습니다.
그래도 얼굴에 난 흉터는 가려지지 않았습니다.

화상 치료가 얼마나 아픈지 울면서 하는 얘기를
저도 울면서 들었습니다.
이쪽 피부 뜯어서 저쪽에 붙이고
날마다 화상 연고 바르며 힘들어하고
방학마다 화상 병원에 가서 이식수술을 했습니다.

아픔이 얼마나 고통스러운지 알기 때문에
살고 싶어 창문에 몸을 부딪치는 벌의 날갯짓이
아파하는 소리로 들립니다.
그나마 자기 몸이 더 크다고 대신 부딪치겠답니다.

어린아이 같이 되라 하신 말씀이 생각나네요.
"아이보다 더 큰 나는 무얼 위해 내 몸을 부딪쳐야 할까?"

외계인, 지구에서 마음을 외치다
―놀이, 시험, 우리들 생각

순서

김샛별(삼척초 4)

어제는 대화* 할머니 댁에 갔다가
바로 외갓집으로 갔다.

난 외갓집에 먼저 가는 걸 한 번도 못 봤다.
남자 쪽이라서?
그건 너무 불공평해!
순서가 있는 것도 아니잖아!

* 평창군에 있는 지역. 《메밀꽃 필 무렵》에 대화 5일장이 나온다.

어떤 시대엔 남자 쪽이었지요.

어떤 집에선 여자 쪽이구요.

누구에겐 부자 쪽이고 다른 누구에겐 권력 쪽이죠.

순서가 없다고 말하는 샛별이에게도 다른 순서가 있을 거예요.

부모님의 명절 나들이 순서를 잘 찾아내는 샛별이도

자기도 모르는 순서를 갖고 있을 거예요.

그 안에서 살아가는 사람에게는 잘 보이지 않아요.

우리나라 사람이 보지 못하는 걸 외국 사람은 찾아내죠.

토박이가 보지 못하는 걸 외지인이 짚어내고

어른 눈에 보이지 않는 게 아이 눈에는 보이죠.

자기 눈으로만 바라본다면 이상한 순서가 계속될 거예요.

그 안에 갇혀, 내가 정한 순서가 옳다 하지 말고

샛별이처럼 생각해주세요.

세계 평화가 별건가요?

내 마음대로 순서를 정하지 않으면 되는 거죠.

지방 선거

조성권(삼척남초 6)

오늘은 선거.
엄마, 아빠는 투표하러 간다.

누구를 뽑을지는 모른다.
누가 되는지도 모른다.

자기가 되려고 몸부림친다.

아이 눈에 비친 선거는 몸부림입니다.
누가 되는지 모르기 때문에
누가 누굴 뽑는지 알고 싶은 치열한 몸부림.

수많은 사람이 자신을 보고 있다는 걸 모르고
자신의 몸부림에만 가치와 자격을 부여하는 순간,
섬김이 아니라 권한이 되죠.

힘들게 살아가는 국민들의 몸부림에 손을 내밀었다면……
가난한 이웃을 돌보고
약한 자 편에 서는 것이 정의라 외치며
자기 당의 이익이 아니라 국민들을 먼저 생각하고
당선된 뒤에도 변함없이 고개를 숙인다면
몸부림치지 않아도 국민들이 뽑아주겠죠.

새로운 몸부림을 보고 싶어요.
평소에 잘하려고 몸부림치는 모습을 보고 싶어요.
국민을 섬기려는 몸부림을요.

소독차

오늘은 우리 아파트에 소독차가 왔다.
여름에는 모기가 많이 있어서
소독차가 자주 올라온다.

소독차 냄새를 많이 맡은 사람은
모기나 파리처럼 죽을 수 있을까?
나는 정말 궁금하다.

나는 소독차를 따라다니면서
소독 냄새를 많이 맡았는데
큰일이다.

탄광 마을에서 태풍에 밀려온 석탄 더미가
운동장을 까맣게 덮었어요.
삽질하면서 '아이고, 이걸 언제 치우나!' 했죠.
소독차가 마을을 하얗게 뒤덮을 때에도
저는 한숨만 내쉬고 있었어요.
땀 흘려 삽질해서 치워지는 운동장 바닥이 아니라
점점 둔해지고 삭막해지는 마음을 보며 한숨 쉬어야 했어요.

검은 석탄더미가 쌓인 탄광 마을에서
하얗게 피어오른 연기를 쫓아다니던 소희는
순수한 민감함으로 나를 깨웠어요.

소독차 쫓아다닌 것만으로도 행복했던 시간이 추억으로 바뀌고
소희도 어른이 되어가겠죠.
그때가 되면 순수한 마음은 잃는다 해도
이때의 민감함은 갖고 있으면 좋겠어요.

소희도, 저도
소독 냄새 정도는 별거 아니라 말하는 둔감함에서 벗어나
영혼에 미칠 작은 상처 하나라도 큰일로 받아들이는
민감함을 갖게 해주세요.

시인

안기용(삼척초 4)

시인들은
머리에 든 것도 많지!
어떻게 그런 생각을 했을까?

스티커 하나 붙이려고
곰곰이 생각하는 나와 다르게
시인들은 정말 정말
시로 가득 차 있다.

어떻게 그런 생각을 했을까?

살리에리가 모차르트를 보고 했던 질문이다.
궁정악장 살리에리가 아무리 발버둥 쳐도
어린 모차르트가 작곡한 곡을 연주하면
어떻게 그런 생각을 했을까? 물을 수밖에 없었다.

끝없이 솟아나는 샘물을 갖고 태어나는 사람이 있다.
노력하지 않아도 저절로 샘물이 솟아나서
천재적인 솜씨를 발휘한다.
그러나 대부분의 사람들은 스티커 받는 기쁨으로 글을 쓴다.
글이 마음에서 터져 나오지는 않지만
스티커를 채우고 싶어 고민하고 고민한다.

가득 채우려는 마음이, 샘솟는 생각보다 귀하다.
에디슨은 이걸 99%의 노력과 1%의 영감으로 설명했다.
모차르트도 혹독하게 연습시키는 아버지를 만나지 못했다면
자신에게 그런 샘이 있는지 몰랐을 것이다.
기쁨을 잃지 말고 노력해라.
네 안에서 샘이 솟아날 때까지.

지각

이수용(도계초 3)

타박타박
늦었다.

교문에 덥석 들어와 보니
아무도 없다.

지각이다.

늦으면 두렵다.

대학에 떨어지면 길이 끊어진 것처럼 보이고

취직이 늦어지면 아무도 없는 곳에 홀로 서 있는 것 같다.

그러고도 늦어질 일이 얼마나 많은지 모른다.

결혼이 늦어지고, 자녀가 생기지 않고

노후 준비도 늦어지고

......

사람들은 늦음을 부족함이라고 생각하지만

너는 그렇게 받아들이지 마라.

늦긴 해도 나는 네가 학교에 오지 않는다고는 생각하지 않았다.

조금 늦어도 반드시 네 자리에 앉아

친구들과 함께 웃고 떠들며 공부하리라 믿었다.

태풍 루사가 너희 집 안방에 거대한 바위를 옮겨놓았을 때

태풍 매미가 다시 한번 너희 집을 망가뜨렸을 때도 견뎌냈다.

늦었다고 발걸음을 멈추면

교실에서 너를 기다리는 친구들을 볼 수 없다.

네가 늦어도

너를 믿고 기다리는 사람이 있다는 사실을 잊지 마라.

하루 지각일 뿐, 인생에는 지각이 없단다.

카레를 먹었다

이정영(도계초 1)

저녁 반찬은
카레를 먹었습니다.
정말 맛있었습니다.

정은이와 저는
두 그릇이나 먹었습니다.
오늘도 배부른 밤입니다.

1학년 아이들과 산책하다가 대추나무를 봤습니다.

"난 대추 100개나 먹었다."

"난 대추 1000개도 더 먹었다."

"나는 천백 개나 먹었다."

......

"너희 싸우는 거야?"

"싸우는 게 아니라 겨루는 거예요."

6학년 아이들에게 욕심과 질투가 무엇인지 물었습니다.

욕심은, 배가 부른데 더 먹고 싶은 것.

질투는, 배가 불러도 네 배가 더 부르면 기분 나쁜 것.

욕심과 질투에 휩싸이면

정은이가 두 그릇 먹을 때 자기는 세 그릇 먹으려 합니다.

그럼 배부른 밤이 아니라 배 아픈 밤이 되겠지요.

'나는 정은이보다'가 아니라

'나와 정은이는'으로 쓰기만 해도 좋은데

'정은이와 저는'이라며 동생을 앞에 두네요.

'정은이와 저는'으로 시작해야 배부른 밤이 됩니다.

함께 먹고, 함께 배부른 밤을 맞이하세요.

찰흙

김슬하(도계초 1)

일기를 쓰려고 하는데
책상에 조그마한 찰흙이 있었습니다.
만져보았습니다.
말랑말랑하였습니다.
아기 얼굴 만지는 것처럼 말랑말랑하였습니다.

동생이 손을 물에 씻어서 찰흙에 묻혔습니다.
화가 나서 찰흙을 동생한테 던졌습니다.

반가운 친구 찰흙인데……
동생, 미워하였습니다.

아이들 눈에는 세상이 온통 살아 움직입니다.
남자아이들은 사방에서 괴물과 싸웁니다.
레이저 쏘고 광선 검으로 적을 무찌릅니다.
여자아이들은 이야기를 만듭니다.
공주가 나오고 마차가 등장합니다.

슬하는 찰흙과 친구가 되려 했습니다.
말랑말랑 느낌이 좋아 이야기를 만들기 시작하려는데
동생이 이야기를 망가뜨렸습니다.
찰흙이 동생 눈에는 적군의 폭탄으로 보였겠지요.
아니면 괴물의 배설물일 수도 있구요.

이야기가 사라지자
반가운 친구 찰흙이 화풀이 대상이 되었습니다.
이야기를 망가뜨리지 말아주세요.
이야기가 싹이 터서 자라게 놔두세요.
수많은 책이 그렇게 생겨났답니다.

시상식

김지현(정라초 5)

시상식을 한다.
두구두구두구……
김지현!

듣는 순간,
사늘하던 얼굴에 웃음이 끊이질 않는다.
하지만 참아야 한다.
상을 안 받아본 아이 같기 때문이다.

상을 받을 때면 온몸이 가벼워진다.
공기가 되어 상이 있는 쪽으로 날아간다.
친구들이 보고 있는 순간
내 몸은 친구들이 조종한다.

꿈에도 그리던 일이 이루어졌습니다.
꿈꾸는 얼굴, 웃음이 가득 찬 얼굴로
공기가 되어 가볍게 날아갑니다.
로또에 당첨되었을까요, 차를 새로 샀을까요?
공돈 100만 원이 생긴 걸까요, 보너스를 받았나요?

상을 받았대요.
상품도 없이, 종이 한 장으로 된 상장 말이에요.
상은, 잘했다고 내게 보내는 박수이지요.
그동안 수고했다는 격려이구요.
능력이 있다고 인정해주는 증서이지요.
그래서 늘 우리 곁에 있어야 해요.

시상식을 한다.
두구두구두구.
외로운 아빠, 지친 엄마, 방황하는 청소년……
모두 어깨 쫙 펴고, 지친 발걸음 가볍게 하라고
사방에서 상이 떨어진다.
바로 당신에게.

아침마다 전쟁

최현숙(삼척남초 6)

우리 집은 아침마다 전쟁!
언니들은 조금이라도 늦으면 난리가 난다.
엄마가 조금이라도 늦잠을 자면
자는 엄마를 흔들어 깨운다.

다 나가서 '끝났구나!' 하면
저 멀리서
"엄마!" 하는 소리가 들린다.
시계 찾으러 오고
도시락 가지러 온다.
그러면 전쟁은 끝난다.

음계와 아르페지오를 연습하는 게 아무리 재미가 없다고 해도
멋진 작품으로 건너뛰면 즐겁게 연주할 수 없대요.
음계와 아르페지오는
자체를 즐기기 위해 연습하는 것이 아니었어요.
웅장하고 멋진 작품을 연습하려면
먼저 평범하고 일상적인 것들에 정통해야 한다는
진리를 알려주는 도구였어요.[*]

평범하고 일상적인 것들에 정통하려면
아침부터 일어나는 전쟁에서 승리해야 해요.
"엄마!"하며 요구하는 여러 가지 것들에
짜증 내지 말고 응답해야 해요.
날마다 치르는 똑같은 전쟁에서 이기는 사람이
진짜 전문가예요.

이 전쟁에서 이기는 엄마를 보고 자란 아이들은
20년쯤 뒤에 일어나는 똑같은 전쟁에서 승리할 거예요.
평범한 것들에 능통한 사람은
그렇게 살아가는 사람을 보면서 배우거든요.

*《아, 내 안에 하나님이 없다》, 필립 얀시, IVP

병원

대문을 뛰어넘어 집에 들어오다가
대문에 걸려서 넘어졌다.
넘어져 울고 있는데
엄마가 보고 바로 병원으로 갔다.

다친 데가 아픈 것보다
병원에 가는 것이 더 무서워서
막 울었다.

아프고, 놀라고, 위로받고 싶어서 웁니다.
아픔과 놀람은 잠깐 울면 사라집니다.
누군가 위로해주면 더 빨리 사라지지요.

엄마가 놀라서 위로를 잊어버리고 병원에 가자고 합니다.
아~ 병원!
갑자기 나타난 두려움이 어찌나 큰지
아픔과 놀란 마음이 게 눈 감추듯 사라집니다.
두려움!!
언제 다가올지 모릅니다.
피가 나지 않고, 흔적도 보이지 않지만
마음을 사로잡아 옴짝달싹 못 하게 만듭니다.

두려움으로 아이를 밀어붙이지 마세요.
병원에서 주사 맞힌다고 위협하지 마세요.
지금처럼 하면 미래가 뻔하다고 말하지 말아주세요.
부모가 자녀를 위협하면
아이들은 두려움 속에서 살아간답니다.
믿는다고 말해주세요. 끝까지, 끝까지.

억울함

기선영(삼척남초 6)

훔치는 버릇
5학년 때부터.
'이제는 안 그럴 거야.'
굳게 먹은 마음

학급에서 돈이 없어지면
얄미운 아이들
날 먼저 의심한다.
'아니야!'

그래도 집에 갈 때 조용히 나에게 묻는다.
"너 정말 안 그랬나?"

사람은 무언가가 잘못된 게 아닐까 하는 의심이 들더라도,

거기에 벌써 깊이 말려 들어가 있으면

무의식중에 자기 자신에게도

그 의심을 은폐하려고 애쓰는 경우가 있다.

나도 마찬가지였다.

나는 아무 말도 하지 않았고 아무것도 생각지 않으려고 애썼다.[*]

에이허브 선장과 함께 모비딕을 쫓던 이슈마엘이 한 말입니다.

친구의 의심은 억울함을 남깁니다.

나를 의심하는 눈길이 불편해서 친구를 미워하게 됩니다.

그러나 무언가 잘못된 게 아닐까 하는 의심은

잘못된 길에 말려들어가지 않게 하는 파수꾼이 되어줍니다.

정말 위험한 것은,

의심을 묻어두고 스스로 자신을 은폐하는 겁니다.

의심 없는 질주는 파멸로 향하는 지름길로 안내합니다.

친구가 의심해도 친구에 대한 미움을 키우지 마세요.

달라지려고 노력한다고 말해주세요.

얼마 지나지 않아 억울해할 일이 사라질 거예요.

[*] 《모비딕》, 허먼 멜빌, 작가정신

거짓말

장미랑(도계초 3)

아이들이 시끌벅적 이야기하는 곳에서
내가 먼저 끼어들어 거짓말을 했다.
아이들의 눈은 반짝반짝!
눈치만 보면서 꼬치꼬치 캐묻는다.
겉으로는 진짜처럼 행동해도
속으로는 펑 터지는 풍선처럼 불안하고 불안하다.

집에 오면 아이들의 눈빛이 생각난다.
아이들은 잘 속아 넘어가지만
내 마음에 숨어있는 작은 풍선은
깊은 곳에서 터질 것만 같다.

다음부터는 거짓말을 하지 않는다고 해도
떠오르는 거짓말!

거짓말 학교'에서는 거짓말을 가르칩니다.
우등생이 되려면 거짓말을 기가 막히게 잘해야 합니다.
당신은 거짓말 학교에 가면 우등생이 될까요?
아니겠지요.
아이들이 쓴 글을 읽는 분은 거짓말과 거리가 멀 겁니다.

그래도 다시 한번 살펴봅시다.
우리나라 전체가 물든 거짓말에 속고 있지는 않은지……
- 사람보다 돈이 중요하다고
- 거짓말해서라도 성공하라고
- 사람의 됨됨이는 차, 아파트, 옷과 가방이 나타낸다고

보이지 않는 거짓말에 속지 마세요.
거짓말은 삐뚤어진 자아상, 왜곡된 자존심입니다.
커져가는 풍선을 감추고
터지지 않을까 두려워하게 만드는 마음의 폭탄입니다.
겉을 화려하게 꾸밀수록 속은 우울하게 가라앉죠.
내가 온전한 진리 앞에 살아간다면 오르내림이 없을 테고
거짓에 휘둘리지 않겠죠.

*《거짓말 학교》, 전성희, 문학동네어린이

난로

김형규(삼척남초 6)

난로가 불을 뿜는다.
위에 있는 고구마가 쪼그라든다.
아이들이 하나둘
난로에 모인다.

고구마가 쭈그러들수록
아이들도 늘어난다.

강원도에선 2000년까지였어요.
교실에서 고구마와 오징어 구워 먹었던 추억이.

현대화, 첨단화라는 말과 함께
난로가 사라지고 냉난방기가 들어왔어요.
고구마 대신 피자, 햄버거를 먹죠.
난롯가에 모이던 아이들이 스마트폰에 모이고
골목에서 놀던 아이들이 pc방과 노래방에 간대요.
방과 후에 운동장에는 아무도 안 남죠.

좋은 것들이 사라져 그리움과 추억이 되어버리고
멋지고 위험한 것들은 진화에 진화를 거듭하네요.
편한 것을 얻고자 너무 많은 걸 잃은 것 같아요.

아이들을 불러 모을 난로 위 고구마 같은 교사가 되고 싶은데
사라진 난로 그리워하는 구닥다리 어른이 되었어요.
아이들을 불러 모으는
구수하고 맛깔스러운 어른으로 거듭나게 해주세요.
저도, 여러분도.

사진

안종구(삼척초 6)

사진을 찍었다.
첫째 시간에 교실 앞에 나와 사진을 찍었다.
아저씨께서 오셔서 사진을 찍었다.
선생님께서도 나오셔서 사진을 찍었다.

"하나 둘 셋 찰칵!"
소리와 함께 사진을 찍었다.
세 번 찍었다.

움직이지 않던 애들이 갑자기 움직인다.
마치 얼었다 다시 녹은 것 같다.

졸업사진을 찍던 날,
사진 찍을 때마다 생각나는 시를 선물 받았습니다.
그때부터 5년, 10년, 15년이 지나도
사람들은 여전히 얼었다 녹은 것처럼 사진을 찍습니다.
1초에 30km의 속도로 돌아가던 지구를
누군가 딱 붙잡아버린 한순간처럼……

마치 얼어버린 것처럼 뇌리와 가슴에 팍 박힌 순간,
지구가 멈춰버린 것 같은 순간이 누구에게나 있습니다.
너무 갑작스레 일어난 일에 대한 기억,
늘 함께하리라 생각한 사람에 대한 그리움,
돌이킬 수 없는 일에 대한 후회와 한탄일 수도 있지만
다시 돌아가서 바꾸지는 못하는 순간이지요.

바꾸지 못하는 순간 뒤로 하고 바꿀 수 있는 순간에 집중해요.
한순간을 마음에 남길 수 있다면
앞으로 어떤 순간을 간직하고 싶으세요?
이걸 바꾸려고 노력해요.
"하나 둘 셋, 파이팅!"

고무줄

박소희(삼척초 4)

고무줄 하다가 틀리면
번개 치는 것처럼 속이 뒤집힌다.
어떤 애들은 비명을 지른다.
하늘이 무너지는 소리와 같다.

고무줄 하다가 고무줄이 끊어지면
고무줄이 총알처럼 날아와 맞는다.
비가 쏟아지는 것처럼 눈물 나게 아프다.

고무줄 하다가 양말에 구멍이 나도 그냥 그저 한다.
구멍이 나면
양말에 무슨 개똥 묻은 것처럼 자꾸 본다.
구멍 나도 엄마한테 맞든 말든
고무줄은 줄이지 않는다.
집에 갈 때 오리가 걱정하는 것처럼
덜덜 떨면서 간다.

그땐 그것만 보였죠.

그것들은 너무 재미있어서 다른 게 보이지 않았어요.

태산이 무너져도 그건 빼먹지 않았어요.

눈물 나게 아프고 덜덜 떨면서도

그냥 그저 해야만 하는 것들 말이에요.

예전엔 고무줄, 딱지치기, 공기놀이, 구슬치기……

지금은 축구, 카톡, 게임, 검색…….

세월이 훌쩍 지난 지금 생각해도 아름다운 그것!!

하루도 안 하면 안 되는 그것,

시간의 주인이 되어 이야깃거리를 만든 그것,

부모님과의 관계에서 그것은 무엇일까요?

자녀에게 남겨준 그것은 무엇일까요?

그게 있으세요?

부모가 자녀에게 주는 최고의 선물은 바로 그거예요.

"함께한 추억!"

놀아야 산다

조희인(정라초 4)

놀아야 산다.

아이들은 매일 논다.
언제나 놀아야 한다.
놀지 않으면 몸은 근질근질
선생님 목소리는 자장가

안 놀면 못 살아, 못 살아!
엄마는 공부하라고 하는데
그 소리는 나보고 죽으라는 소리다.

아이들은 모두 놀아야 산다.

프랑스 시인 생 폴 루는 잠자는 동안 문 앞에 팻말을 걸었어요.
"시인은 일하는 중입니다."라고요.*
푹 자고 일어나면 시가 잘 써진 모양이에요.
잠은 시 쓰기의 다른 모습이죠.

아이들이 노는 것도 똑같아요.
공부를 잘하려면 잘 놀아야 해요.
잘 자려면 역시 잘 놀아야 해요.
친구를 사귀고 사회성을 기르려면 놀아야 해요.
놀이가 주는 유익이 너무너무 많아요.

'산다'는 말 앞에 무얼 넣으면 사람들이 좋아할까요?
'먹어야', '돈이 있어야', '꿈이 있어야'……
하지만 아이들은 다른 걸 외쳐요.
"놀아야 산다!"
그래, 계속 외쳐라. 절대 포기하지 말고 외쳐라.
그리고 실컷 논 뒤에 시를 써라.
자기만의 이야기를 만들어라.
시인이 넘쳐나는 세상은 얼마나 멋질까!

*《창조적 글쓰기》, 애니 딜러드, 공존

태풍

홍지웅(삼척초 4)

태풍은 정말 싫다.
사람 생명을 앗아가고
어부 아저씨 배도 침몰시킨다.

바보!
넌 이제 끝이야!
3시에 소멸.
하하하!

국립공원을 처음 시작한 존 뮤어는
큰 태풍이 오면
아메리카 삼나무 꼭대기에 매달려 비바람을 맞으며
"하나님이 나를 흔드신다!"라고 외쳤답니다.
피하는 것보다 맞서 견디는 건 어떨까요?

어차피 태풍은 소멸합니다.
3시에 소멸하는 게 태풍만이 아니면 좋겠습니다.
전혀 풀리지 않을 것 같은 고민,
내 힘으로 해결하지 못하는 우리 반 아이의 슬픔,
대한민국 학생들을 괴롭히는 입시제도
모순된 사회 구조, 부의 불평등……
모두 소멸하면 좋겠습니다.

존 뮤어에겐 어린이의 눈으로 자연을 바라보는
천진함이 있었습니다.
그렇지 않았다면 폭풍우가 몰아치는 가운데
나무 꼭대기에 매달려 흔들리는 짓을 하지 않았을 겁니다.
지웅이 마음으로 맞서 싸웁시다.
작은 생각 차이로 삶을 바꾸기는 어렵겠지만
그 차이가 하루하루 더 많이 누리게 해줄 겁니다.

번개

홍지웅(삼척초 4)

오늘 번개가 번쩍 쳤다.
우르르 쾅!
형아!
하고 동생들이 달려온다.

쪼르르르르
정말 귀엽다.

번개가 시커먼 어둠을 내리치며 동생들을 위협합니다.
"형아! 무서워!"
동생들이 '쪼르르르르' 달려올 때 형은
번뜩이는 번갯빛 가운데 다른 걸 봅니다.
"너무 귀엽다!"

아이들 마음을 위협하는 번개가 내리칠 때
번갯빛 가운데 다른 것을 볼 수 있어야 어른입니다.
0.5초만 지나면 번개는 사라지고
잠시만 토닥이면 동생들도 두려움을 이길 겁니다.

혹시 여러분 앞에 번개가 내리치고 있나요?
위기와 고통 앞에서 '쪼르르르르' 달려갈 곳을 찾아보세요.
여러분을 품어줄 어른을 찾아가세요.
여러분 곁에서 누군가가 번개에 놀라 두려워하나요?
여러분이 어른이 되어 포근하게 안아주세요.

여러분을 감싸 안아줄 어른을 바라보세요.
여러분에게 귀엽게 안길 아이들을 살펴보세요.
내일이면 번개 친 자리에 파아란 하늘이 보일 겁니다.

만두 만들기

김휘석(도계초 3)

만두를 만들었다.
속을 많이 넣고 꾹꾹 눌러서 터진 적도 있다.
우리는 못생긴 만두를 만들었다.

나와 동생이 못생기게 만들어서
어느 게 내 거고
어느 것이 동생 건지 알기 쉬웠다.

엄마는 우리 만두가 맛이 없을 것 같다고 하셨다.
튀김 만두도 먹고 국 만두도 먹었다.
거기엔 어김없이
못생긴 만두도 들어갔다.

만두 만들기는 아주 재미있다.

재료가 모두 준비되어 있습니다.
만두를 만들어봅시다.

어떤 교사는 만두소를 좋아해서 소를 많이 넣고
어떤 교사는 만두피를 좋아해서 소를 조금 넣습니다.
어떤 부모는 깔끔하게 예쁜 만두를 만들고
어떤 부모는 옆구리가 터진 만두, 못생긴 만두를 만듭니다.

괜찮습니다.
만두가 다 똑같으면
어느 게 내 거고, 어느 것이 동생 건지 모릅니다.
부모들이 공부 잘하는 만두를 만들고 싶어 하는데
공부 잘하기 때문에 좋은 만두가 아니라
내가 만들었기 때문에 좋은 만두입니다.
공장 직원들은 모조리 똑같은 '상품'을 만들지만
부모는 하나밖에 없는 '작품'을 만듭니다.
비록 사람들이 못생긴 만두라고 무시해도
그건 부모가 사랑으로 만든,
세상에 하나밖에 없는 작품입니다.

맛있는 꿀밤

김태훈(도계초 3)

배구부에서 가짜 시합을 했다.
나한테 온 공을 안 잡아서
코치 선생님한테 아주 맛있는 꿀밤을 먹었다.
머리에는 맛있는 꿀밤을 먹어서 둥근 혹이 났다.
너무 아파서 머리를 자꾸 쓰다듬어주었다.
내가 잡아야 할 것을 또 안 잡아서
또 꿀밤을 먹고 또 머리를 쓰다듬어주었다.

태훈이와 친구였던 날

김석은(도계초 3)

축구를 하였다.
아무리 여자라도 축구를 안 하는 법은 없다.
내가 달리기와 스피드가 빠르다고 태훈이가 시켜주었다.
30분 동안 다섯 골을 넣었다.
태훈이가 잘한다고 칭찬해주었다.
나는 느꼈다. 태훈이가 이제야 진정한 친구로 느껴졌다.

1. 외계인이 보낸 동시

태훈이는 여자인 석은이에게 축구할 기회를 주고
골을 넣게 도와주고 칭찬까지 해주었어요.
축구 골대 옆에서 끼워달라고 날마다 애원하는 석은이 마음을
한 방에 풀어주었어요.

태훈이는 배구부 시작한 지 얼마 되지 않아 공을 자꾸 놓쳐요.
머리가 명령해야 발이 움직이는데
아직은 머리가 명령을 내리지 않아요.
정신 차리라고 코치 선생님이 꿀밤을 먹입니다.

태훈이는 석은이에게 그랬듯이 자기 자신도 달랩니다.
"석은아, 넌 할 수 있어. 여자가 뭐 어때서~. 이리와, 끼워줄게."
"태훈아, 넌 할 수 있어. 이제 시작했잖아.
코치 선생님이 꿀밤을 준다고 움츠러들지 마!
석은이의 진정한 친구인 내가 머리를 쓰다듬어줄게."

저는 〈맛있는 꿀밤〉 정말 잘 썼다고,
석은이를 진정한 친구로 받아줘서 훌륭하다고,
폭풍 칭찬으로 태훈이 머리를 쓰다듬어주었어요.
우린 서로에게 위로자입니다. 가까이에서 시작해보세요.

금빛결의 하수구

집에서 세수를 하고 있는데
물이 내려가는 하수구를 보았다.
참 아름다웠다.
물이 금빛 물결이 되어
찰랑찰랑거렸다.

난 오늘 알았다.
하수구가 더러운 줄만 알았더니
우리가 모르는
아름다움 하나가 있다.

맹점은

보고 있으나 보이지 않는 것이다.

어떤 사람에겐 보이지만 다른 사람에겐 보이지 않는 영역이다.

심지어 모두 보고 있지만 나만 모를 때도 있다.

맹점은

시력 때문이 아니라 생각 때문에 생긴다.

이미 알고 있다는 자만심,

늘 보아왔기 때문에 어제와 똑같을 거라는 편견,

새로운 자각을 거부하는 오만함,

겉만 보고 속까지 판단하는 성급함이

크면 클수록 맹점이 커진다.

보이지 않던 것을 보려면 습관을 뛰어넘어야 한다.

뻔히 보아온 것이라도 제대로 모른다는 겸손함,

오늘은 어제와 다를 거라는 기대감,

더러운 하수구에서 아름다움을 찾아내는 아이의 마음

헬렌 켈러에게서 인간의 고귀함을 찾아내는

설리번 선생님의 마음

이런 마음을 가지면 신비로 가득한 일상을 살아갈 것이다.

힘이 없는 나

박태현(삼척초 3)

나는 힘이 없다.
왜 힘이 없냐 하면
공부를 해야 한다.

토요일은 힘이 엄청 난다.
우리 동생도 집에 가기만 하면
공부를 해야 한다.
우리 동생도 힘이 없다.

원래 공부를 많이 하면
훌륭한 사람이 되지만
공부는 너무 힘들다.

"수레바퀴 아래에 깔리지 않도록
아주 지쳐버려서는 안 된다."*

대한민국 학생들은 고등학교 3년 동안 지치지 말아야 합니다.
아니, 중학교부터 6년 동안 지치면 안 되겠네요.
수레바퀴 앞에서 뛰는 아이가 너무 많거든요.
어떤 아이는 12년 동안 지치지 말아야 합니다.
심지어 영어유치원부터 시작해서
언제 끝날지 모른 채, 계속 달리는 아이도 있습니다.
먼저 출발해야 조금이라도 앞서간다고 생각하는 부모를 만나면
더 오래도록, 더 힘들게 달려야 합니다.

힘이 없는 아이는 아이가 아닙니다.
미치도록 뛰어놀고 다음 날 멀쩡해야 아이입니다.
아이들에게 풍요로운 어린 시절을 돌려주세요.
수레바퀴 앞에서 달리다 지쳐버리지 않도록
1주일에 단 하루만이라도 안식을 주세요.
힘이 엄청 나게 해주세요.

*《수레바퀴 아래서》, 헤르만 헤세, 문학동네

수학

김지용(삼척초 4)

수학이 싫다.
나눗셈이 싫다.

수학이 좋다.
평면도형이 좋다.

운동회

백인엽(삼척초 4)

운동회가 싫다.
달리기가 싫다.
운동회가 싫다.
춤추는 게 싫다.

운동회가 좋다.
점심시간이 좋다.

수학을 힘겨워하는 지용이는
골치 아프지 않은 평면도형 단원을 좋아합니다.
나눗셈은 +, -, ×, ÷를 알아야 하고
+, -, ×, ÷를 안다고 해도 계산이 복잡합니다.
평면도형은 변과 꼭짓점만 알면 됩니다.
꼭지가 세 개면 삼각형, 변이 다섯 개면 오각형, 너무 쉽습니다.
다리가 느린 인엽이는 운동회가 싫습니다.
달리기도, 춤추는 것도 다 싫습니다.

인생이 평면도형이면 얼마나 좋을까요!
인생이 늘 운동회 날 점심시간 같다면 얼마나 행복할까요!
복잡하게 꼬인 문제가 하나도 없는 인생,
하고 싶은 일만 생기는 삶이라면…….

때론 나눗셈을 풀어야 하고
어쩔 수 없이 달리고 춤춰야 하는 게 인생입니다.
평면도형을 기다리며 나눗셈을 견디고
점심시간 기다리며 달리기를 참아내야죠.
그럼 머지않아 기다리고 기다리던 방학이 옵니다.

옛날

조수경(삼척초 6)

20년 전이라도
30년 전이라도
놀 거리 천지일 텐데……
컴퓨터, 텔레비전이 아닌
숨바꼭질, 떡 감고 놀 텐데……
집에 꼭꼭 틀어박혀 있지 않을 텐데……

아무리 추워도, 아무리 더워도
놀 거리 가득했던
먹거리 가득했던
옛날,
가끔은 옛날이면 좋겠다.

《수레바퀴 아래서》 앞부분
어린 기벤라트는 얼마나 훌륭히 성장했는가!
실속 없이 거리를 쏘다니고 장난을 치는 일 따위는
스스로 그만두고,
수업 시간에 바보같이 크게 웃는 일도
벌써 오래전에 그만두었다.
정원을 가꾸고, 토끼를 기르고,
시간만 많이 빼앗는 재미없는 낚시도 어느새 멀리하고 있었다.

《수레바퀴 아래서》 중간 부분
처음에는 알아차리지 못하지만
어느새 그 모든 것이 가라앉고 끝이 났다.
가장 먼저 리제 곁에 앉아 이야기를 듣는 일이 사라졌고,
그다음엔 일요일 오전에 피라미를 잡는 일이 사라졌고,
그다음엔 동화 읽기가 사라졌고,
그렇게 차례로 사라져
결국 홉을 따는 일과 정원 물레방아까지 사라졌다.
아, 다 어디로 갔을까?
이제 그는 푹 쉬고, 실컷 자고, 마음껏 울고,
마음껏 꿈꾸고 싶은 마음뿐이었다.*

* 《수레바퀴 아래서》, 헤르만 헤세, 문학동네

물고기 박사 최기철 할아버지처럼

남수민(삼척초 4)

내 나이 열 살.
아직 어린 나이!
펑펑 놀아서 위인 된 사람도 있는데
최기철 할아버지처럼.

그런데 왜 학원 쫓아다니며 바쁘게 살까?
어른들처럼 바쁘게 살까?

지금이라도 달려가고 싶다.
강 속으로, 풀밭으로
물고기를 잡으며, 풀벌레를 잡으며
진짜 아이로 살고 싶다.

권정생 선생님이 수민이 같은 아이를 만났대요.

"한참 뒤에 혜영이는 다시 명랑해지면서
시골 할머니께 자주 가서 어깨도 주물러드리고 싶은데
공부 때문에 안 된다고 했다.
한 시간만 놀아도 금방 뒤처져버린다고 한다.
여태까지 아무리 열심히 해도 1등은 한 번도 못 해보고
계속 2, 3등밖에 못 했단다.
방학 때 오면 되지 않느냐고 했더니
방학 때는 더 시간이 없다고 한다.
하루 종일 독서실에 가 있어야 하기 때문이라 했다."[*]

진짜 아이들은 모두 어디에 갔을까요?
하멜른의 피리 부는 사나이가 데려갔을까요?
물소리, 풀벌레 소리 듣지 못하게 누가 귀를 막았나요?
이젠 놀아서 위인 된 사람 만나기 어렵겠네요.
점점 더 재미없는 나라가 되어가고,
진짜 아이 보기 힘들어지겠네요.

[*] 《우리들의 하느님》, 권정생, 녹색평론사

시험

이성모(도계초 3)

점심 먹고 나서 과학 시험을 봤다.
처음에는 떨었다.
시험지를 받았을 때는 자신이 있었다.

경연이가 내 거를 매겼는데 열 몇 개 틀렸다.
성훈이랑 나랑 똑같이 맞았다.
성훈이는 나 보고 웃었다.
나도 성훈이 보고 같이 웃었다.

지금 우리가 살아가는 시대는 역발상이 필요하다.
혼자 조금 더 빨리 가려고 폭주 기관차에 매달리지 말고
다른 생각을 해야 한다.

내 아이 둘이 초등학생일 때 시험이 다가왔다.
"이제 시험이 1주일 남았다. 너희가 공부할 위험이 있다.
공부하면 안 된다. 실컷 놀자."
보드게임하고 산책하고 동화책 읽으며 놀았다.
시험 바로 전날에는 잘 때까지 보드게임을 했다.
혹시라도 불안해서 공부할까 봐!
시험은 무엇을 아는지,
무엇을 모르는지 확인하기 위해 필요하다.
초치기로 잠깐 외우면 모르는 것도 아는 것처럼 되어버린다.
나는 시험을 본 다음에 틀린 내용, 잘 모르는 내용을 가르친다.
친구들이 시험에 시달릴 때 아이들과 놀고
친구들이 잠깐 외운 거 잊어버리는 동안 공부한다.

아이들을 닦달하는 짓은
부모의 불안을 내보이는 잘못된 행동이다.
부모가 불안하다고 아이들까지 불안하게 만들지 말아라.
그래야 어른이다.

잔소리

장윤정(북삼초 2)

지긋지긋 잔소리
아이한테는 다 잔소리로 들린다.
'씻어라, 입어라, 숙제해라, 챙겨라'
아이는 살면서 이런 소리를 듣게 된다.
잔소리니까 이거보다 많겠죠?

어른들이 걱정하면서 말한 게
우리한테는 잔소리가 된다는 사실!
'숙제해, 틀리지 않고……'

문제는,
하던 말을 또 하는 것!
잔소리 없으면 좋겠다.

부모가 자녀에게 잔소리를 하는 까닭은 아마,
기대가 커서 조급해지기 때문이겠죠.
혹시 아이에게서 자신을 보기 때문은 아닐까요?
나처럼 되면 안 되는데…… 하는 마음.

아이도 어른이 걱정해서 말한다는 걸 알아요.
안달하지 말고 믿으세요.
짜증 내지 말고 기다리세요.
아이는 어른처럼 빨리, 정확하게 못 해요.
여러분도 누군가의 충고, 조언, 책임감을 자극하는 말……
어쩌면 격려까지 잔소리로 듣잖아요.
마음이 전해지도록 천천히, 부드럽게 말해주세요.
꼭 말해야겠다면 평소와는 다른 표현으로 바꿔주세요.

아빠와 아들이 대화를 하네요.
"아들아, 링컨은 네 나이 때 책을 많이 읽었다. 너는 뭐 하냐?"
"아버지, 링컨은 아버지 나이 때 대통령을 했어요.
아버지는 뭐 하세요?"

삶으로 가르치는 것만 남는대요.

잔소리

심은정(삼척초 4)

비가 오는 날
학교 갔다가 오는 길
내 옆엔 잔소리하는 아줌마와
잔소리 듣는 한 아이!

꼭 내가 잔소리를 듣는 것 같아
마음이 뜨끔하다.
잔소리를 하지 않는 사람은 없을 거야!

아이들은 비 오는 날을 싫어해요.
우산, 우비, 장화…… 귀찮거든요.
하늘에서 빗방울이 떨어지는데
옆에서 잔소리 방울이 같이 떨어지면
으~.
마른하늘에 이런 날벼락이 없어요.

하늘에서 내리는 비는
땅에, 지붕에, 우산에,
가끔 머리와 몸에 떨어지지만
잔소리 방울은 가슴으로 직행해요.
나한테 하는 잔소리가 아니더라도 마음이 뜨끔뜨끔하죠.
그 말이 꼭 내게 하는 말 같거든요.

잔소리 비를 막는 우산, 우비, 장화는 없을까요?
나도 하나 쓰고,
학교 갔다 오는 내내 잔소리 듣는 아이에게도 사주고 싶어요.
그럼 잔소리 때문에 들리지 않았던 빗소리,
차르르르 바퀴가 물 위를 지나는 소리,
우산에 비 떨어지는 소리, 기분 좋은 소리가 들릴 거예요.

생활 태도

안형태(삼척초 6)

학교에서 돌아오는 길이 조금 더웠다.
엄마가 깨끗이 씻고 숙제하고
스스로 할 일을 하라 하셨다.

엄마는 모든 일을 완벽하게 하기 바라신다.
깨끗하게 해라.
성실해라.
책임감이 있어라.
착한 사람이 되라.
사이좋게 지내라.
공부 잘하는 것도 중요하지만
예의 바르고 성실한 사람이 더 훌륭하다.

나는 몇 점짜리일까?
책도 많이 읽으라 하신다.
그래야겠다.

30년쯤 뒤에 듣게 될 〈어떤 고백〉

"제가 이렇게 된 것은 모두 엄마 덕분입니다."
제가 살아가면서 알아야 할 좋은 태도를
모두 엄마에게 배웠습니다.
지금 많은 분께 박수받는 자리에 서게 된 것은
어릴 적에 올바른 생활 태도를 알려주신 엄마 덕분입니다.
의지가 약해질 때도 있었지만
몸에 밴 좋은 습관으로 이겨낼 수 있었습니다.
어릴 적에 엄마가 들려주신 가르침이
지금의 저를 만들었습니다.

"제가 이렇게 된 것은 모두 엄마 때문입니다."
엄마는 제가 완벽한 사람이 되기 바랐습니다.
저는 스스로 할 일을 하려고 했고,
친구들과 사이좋게 지내려고 노력했습니다.
그러나 완벽을 원하시는 엄마를 만족시키지 못했습니다.
무얼 하건 "너는 몇 점짜리냐?" 하는 목소리가 들렸습니다.
엄마의 지나친 요구가 저를 망가뜨렸습니다.

어느 쪽이 맞을까요?
한 사람의 미래가 인도하는 사람에게 달려 있나요?
받아들이는 사람에게 달려 있나요?

양보하는 탁구

김시영(마음분교 4)

나와 강길이 형이 탁구를 한다.
강길이 형이 공을 세게 날린다.
나도 봐주지 않고 세게 친다.
승패가 가려지지 않는다.

우리와 북한도 봐주지 않고 계속 싸운다.
끝이 없는 싸움을……
싸움은 누군가 져야 한다.
그러니 내가 양보해야지.
남북한도 누군가 양보하면 되겠다.

시영아, 이게 그렇게 쉬운 일이 아니란다.
탁구는 한 번 지면 다음에 또 하면 되지만
남북한이 양보하는 것에는 너무 큰 게 달려있거든.
어쩌면 수많은 사람의 목숨일 수도 있어.
그래서 양보를 안 하는 걸까?

어쩌면, 어쩌면 말이야,
우리와 북한, 둘 다 양보하지 않는 까닭은
국민들의 재산과 생명 때문이 아닐지도 몰라.
양보하면 안 된다고 목 놓아 외치는
몇 사람의 탐욕 때문일 거야.
국민을 속이며 쌓아놓은 권력, 재산, 기득권을 지키기 위해
봐주면 안 된다고 세게 나오는 거야.

어떤 사람이 10년 동안 전쟁으로 폐허가 된 콜롬비아에서
당나귀 두 마리 등에 책을 가득 싣고 구석구석을 돌아다녔대.
폭력에 찌든 불확실한 환경에서 자라는
학생들에게 책을 읽어주려고.*
당나귀 도서관을 시작한 마음으로 서로를 대한다면
양보하는 탁구가 가능하지 않을까?

* 〈뉴욕타임스〉 2008년 10월 20일 자 기사.

우리들 마음

심은정(삼척초 4)

우리들 마음은
어른들이 잘 모른다.
우리에게는 갖고 싶은 것도 많다.
하지만 어른들은 이해를 못 한다.
우리들 마음
어른들은 왜 이해를 못 할까?

내가 어른들 마음을 이해 못 하듯이
어른들도 우리 마음을 이해 못 하나 보다.

부모에게 친구에 대해 이야기하면
정말 중요한 것은 묻지 않는다.
어떤 점이 마음에 드는지, 함께 무얼 하며 시간을 보내는지,
앞으로 무얼 같이 하고 싶은지 이런 말은 묻지 않는다.
"공부는 잘해, 몇 등이야?"
"어디 아파트에 살아? 어느 학원 다녀?" 하고 묻는다.
그제야 어떤 친구인지 알았다고 생각한다.[*]

서로를 이해하려면 상대의 마음을 꿰뚫어 보아야 한다.
밖에서 안으로가 아니라 안에서 밖으로 보아야 한다.
마치 처음 보는 것처럼 새롭게 보아야 한다.[**]

늘 보아왔기 때문에 알고 있다고 생각하는 가족이
처음 보는 사람 같은 마음을 갖고 있다고 생각해야 하는데,
한 발이 아니라 여러 발 물러나서 봐야 하는데
우리는 대부분 생각조차 못 한다.
은정이는 어른이 되면 엄마 마음을 이해하겠지만
엄마는 아이 마음을 어떻게 이해하지?

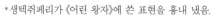

[*] 생텍쥐페리가 《어린 왕자》에 쓴 표현을 흉내 냈음.
[**] 아브라함 요수아 헤셸이 《예언자들》에 쓴 표현을 흉내 냈음.

마음

김찬묵(삼척초 4)

방학인데도
일요일에는 더 늦잠 자게 된다.
마음이 편해져서 그렇다.

마음이란 신비한 존재다.
내가 왜 여기 있는지 갑자기 궁금해진다.
아직 밝혀지지 않은 신비들은
영영 밝혀지지 않을 것 같다.

전성기 때 로마 시민들은 일하지 않고 살았다.
너무 편해서 걱정이라곤 없던 그때에
로마 황제들은 시민들의 무료함을 달래기 위해
사람과 동물을 싸움시키고, 검투사들이 죽어가게 만들었다.

땀 흘리며 일하는 사람들은
마음의 병을 치료하는 사람들을 찾아가지 않는다.
오늘 새로운 소식을 찾고,
내일 신기한 일을 찾아다니며 낭비하지도 않는다.
땅, 바다, 산과 들판에서 살아가는 사람들은
자연이 부어주는 의미에 푹 젖어 신비를 누린다.

삶은 의미로 가득 차 있다.
이걸 아는 사람은 일상에서 신비를 본다.
고난 너머의 세상을 그리며 잠깐의 편안함을 마다한다.
비록 지금은 영영 밝혀지지 않을 것처럼 보인다고 해도
언젠가 우리를 풍요롭게 하는 신비를 만날 때까지
늦잠을 마다하고 마음을 다잡는다.
당신에게 별과 바람과 하늘의 신비가 부어지기를…….

이사

김지성(정라초 5)

이사를 간다.
내 방 물건들을 다 정리한다.
친구들이 써준 편지를 보며 내 인기를,
일기를 보며 추억도 확인한다.

그동안 못나게 살았나?
잘 도와주며 살았나?

잘 살았겠지 하며 이사를 간다.
더 멋진 추억을 만들려고.

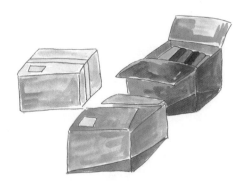

너희의 아름다운 추억,

특히 부모 슬하에서 지낸 어릴 적의 추억

이 추억만큼 미래의 생활에

숭고하고 강렬하고 건전하고 유익한 것은 없는 법이란다.

이것만은 잊지 않도록 해줘.

어른들은 너희 교육 문제에 관해

여러 가지 의견을 갖고 충고를 하지만

난 어릴 적부터 간직된 이 아름답고 신성한 추억이

무엇보다도 가장 좋은 마음의 양식이라고 생각한다.

지난날에 그러한 추억을 많이 가진 자는

앞으로도 한평생 틀림없이 구원을 받을 수 있다.

때문에 그런 아름답고 신성한 추억이

단 하나라도 너희 마음속에 남아있다면

그 추억은 언젠가는

마음의 구원으로 큰 역할을 다하게 될 것이다.*

*《카라마조프의 형제들 3》, 도스토예프스키, 범우사

개울가 내 얼굴

김초현(마읍분교 5)

어렸을 때 사람들이 나보고
엄마를 많이, 무지하게 닮았다고 한다.
엄마와 아빠가 떨어져 살고 나서 엄마를 다시 볼 수 없었다.
지금 나는 12살이다.

"너, 엄마 많이 닮았다!"
그 생각이 나면 엄마가 보고 싶어 개울가로 달려가본다.
개울물 위로 얼굴을 들이대 본다.
내 얼굴이 보인다.
두 개로 보인다.
한쪽은 엄마 얼굴 같고 한쪽은 약간 비슷한 내 얼굴이다.
사람들이 나보고 엄마 닮았다는 게 약간 이해가 된다.

하지만 내 얼굴이 가슴을 바늘로 콕콕 찌른다.
아프다. 울고 싶다.
개울 속 내 얼굴을 보며
상처 나지 않게 조심 또 조심해야겠다.

초현이는 개울에 비친 얼굴을 보며

어릴 때 떠난 엄마를 떠올립니다.

나는 초현이 시를 보며 상처받은 제자들이 떠오릅니다.

돌봐주는 이 없어 풀죽 같은 걸 먹고 오던 5학년 아이,

엄마 없이 홀로 버티다 지쳐 죽고 싶었던 4학년 아이,

정신병원 다니는 아빠 대신해서 엄마 노릇 하던 3학년 아이,

아빠가 보상금 받고 도망가서 아빠를 한 번도 보지 못한 아이,

정신분열증 엄마에게 욕먹으며 사는 아이,

1주일에 한두 번 들어오는 아빠도 아빠라고

쓰레기 더미 같은 집에서 아빠 기다리는 아이,

아이, 아이, 아이……

한바탕 욕해주고 싶다.

"니들이 문제 일으켜놓고 왜 애들에게 상처 주고 난리야"

상처 나지 않게 조심해야 하는 사람은 다름 아닌 어른이다.

개울에 달려가 엄마 얼굴 떠올리는 아이가 없게 해주세요.

제발.

2.
외계인이 외계인을 만나다

1학년 담임이 되었다.

1학년을 네 번 한 경험이 있어서 아이들을 이해한다고 생각했다.

그러나 입학식부터 심상치 않았다.

아이들 행동이 도무지 이해가 되지 않았다.

3월 첫 주도 지나기 전에

내가 외계인을 만났다는 걸 알게 되었다.

지난해에 6학년이 아니라 3학년 담임을 했으면

1학년 아이들이 외계인으로 보이지 않았을 것이다.

말이 통하는 아이들 가르치다가 1학년을 만나

하루하루가, 아니 순간순간이 당황스러웠다.

3월에는 하루를 도대체 어떻게 보내야 하나 한숨이 나왔다.

아이들이 괴물처럼 보일 때가 많았다.

월요일이 빨리 오고 금요일은 너무 늦게 왔다.

아이들을 이해하기 위해 〈외계인 시리즈〉를 쓰기 시작했다.

이해하지 못하는 행동을 글로 쓰면서 웃음이 나왔다.

'아직 외계인들이라서 그런 거야! 곧 지구인이 될 거야.'

4월이 되면서 내일 무슨 일이 생길까?

기대하는 마음까지 생겼다.

아이들을 가르치는 역할을 맡았지만

아이들에게 참 많이 배웠다.

아이들을 이해하지 못해서 아이들이 외계인처럼 보였지만

나도 아이들에게 외계인이었다.
학교라는 낯선 환경에 온 아이를
'지구인'으로 만들려고 노력했지만
과연 지구인으로 만드는 게 올바른 가르침인지 고민이다.
'틀에 박혀 웃음을 잃은 지구인으로 살아가는 것보다
엉뚱하고 잘 웃는 외계인으로 사는 게 낫지 않을까?
내가 외계인이었던 시절을 기억하지 못하면서
그들을 무조건 지구인으로 만들려는 게 잘못은 아닐까?'
이런 고민을 계속하면서도
가르치는 사람이라는 역할에 충실하기 위해
외계인을 지구인으로 바꾸려고 노력했다.
잘한 일인지 모르겠다.

여기 나온 이야기는 모두 실화이다.
내가 외계인들을 직접 겪은 경험으로 알아낸 비밀들이다.
다만 지구인의 특성상 조금, 아주 조금 과장했다.

나이가 들면서 나도 점점 외계인처럼 변해가는 것 같다.
편견에 사로잡혀 짜증 내는 고집불통이 아니라
내가 만난 외계인처럼
작은 일에 웃고 감사하는 사람이 되고 싶다.
점점 …… 내가 만난 외계인들이 그리워진다.
"얘들아, 고맙다. 사랑한다."

외계인을 알아내는 방법 10가지

1.

외계인은 순간을 산다

"수학 시간입니다. 수학책을 가져오세요."

"선생님, 수학책이 없어요."

"어제도 없었잖아. 집에 가서 찾아보라 했는데 찾아봤니?"

"아니요. 잊어먹었어요."

꿍~.

다음 시간이다.

"국어 시간입니다. 국어책을 가져오세요."

"선생님, 국어책이 없어요."

"어제 도서관에 가서 공부할 때 가방에 꼭 넣으라고 했지요."

"네."

"그런데 책이 어디 갔어요?"

"귀찮아서 그냥 놔두고 왔어요."

꿍~.

국어 시간이 끝나고 우유를 먹었다.

"여기 우유는 누가 먹다 남긴 건가요?"

"이거 네 우유잖아."

"나 아니야. 다 먹었는데……."

"딱지치기 구경하면서 네가 여기서 먹었잖아."

"아, 맞다."

외계인은 자주 잊는다.

솔깃한 일이 생기면 자기가 무얼 하고 있었는지 완전히 잊는다.

순간을 살기 때문이다.

외계인에겐 현재 이 순간만 있다.

"어제도 그러고, 그전에도 그러더니 계속 왜 이래?"(과거)

"계속 이렇게 하다가 나중에 뭐가 될래?"(미래)

외계인의 귀에는 '바로 이 순간' 외에는 들리지 않는다.

지구인은 외계인의 이런 습성을 이해하지 못해 화를 낸다.

"내가 우유 다 먹으라고 했지?"

"책을 가방에 넣으라고 했잖아. 왜 말을 안 들어?"

그럼 외계인은 왜 별것 아닌 일에 화를 내는지 모르겠지만,

화를 내는 모습이 무서워서 일단 미안한 표정을 보인다.

그러나 내일 우유 먹을 때 또 똑같이 행동한다.

탄광 마을 학교에서 외계인 34명을 가르쳤다.

외계인들이 날마다 내게 묻는다.

"선생님, 우유 먹어도 돼요?"

"나한테 묻지 말고 그냥 먹어. 알았지?"

다음 날 또 묻는다. "선생님, 우유 먹어도 돼요?"

"얘들아, 잘 들어. 우유 먹어도 되는지 묻지 말고 그냥 먹어.

이제부터는 묻지 말고 먹어라!"

또 묻는다. "선생님, 우유 먹어도 돼요?"

그래서 우유를 가져오자마자 칠판에 크게 썼다.

"우유 먹어!"

한 외계인이 다가온다.

"선생님 우유 먹어도 돼요?"

손가락으로 칠판을 가리켰다.

"응~ 그렇구나!"

다른 외계인이 다가온다.

"선생님 우유 먹어도 돼요?"

또 손가락으로 칠판을 가리켰다.

"응~ 그렇구나!"

다른 외계인이 다가온다.

"선생님 우유 먹어도 돼요?"

"너, 여기 서서 우유 먹어. 그리고 친구들이 우유 먹어도 되는
지 물으면 칠판에 써놨으니 우유 먹으라고 알려줘!" 했다.

외계인들이 공격을 개시했다.

"선생님, 우유 먹어도 돼요?"

내 옆에 서 있던 외계인이 대신 말한다.

"칠판을 봐. 우유 먹으라고 써놨잖아."

다른 외계인이 묻는다.

"선생님, 우유 먹어도 돼요?"

또 다른 외계인도, 다른 외계인도 계속 묻는다.

내 옆에 서 있던 외계인이 폭발했다.

"야, 선생님이 아까 전부터 우유 먹으라고 했잖아. 칠판에 있잖아. 우유 먹으라고 했는데 왜 자꾸 물어?"

"오잉!"

아까 자기도 나한테 우유 먹어도 되는지 물었으면서

친구를 외계인 취급하고 있다.

이 외계인은 조금 전에 자기가 무얼 했는지 잊었다.

순간을 살기 때문이다.

난 외계인을 오랫동안 연구했기 때문에 이걸 알고 있다.

그래서 화를 내지 않고 조용히,

"누가 우유 쏟았어요?" 하고 묻는다.

혼나지 않을 거라는 사실을 알면 많은 외계인이 고백한다.

한두 개 남은 우유가 누구 것인지 밝히는 건 더 어렵다.

"누가 우유 안 먹었어요?"에는 아무도 대답하지 않는다.

외계인은 자기가 먹었는지, 안 먹었는지

모를 정도로 순간을 산다.

그래서 각오해야 한다.

우유 먹어도 되느냐고 물을 때,

외계인이 또 우유를 쏟을 때,

우유를 안 먹고 남길 때,

화를 내지 말고 대답해야 한다는 것을……

2.

외계인은 거짓말을 잘한다.
지금 감정에 충실하기 때문이다

외계인은 순간을 산다.

순간을 살면 지금 이 순간이 가장 중요하다.

사실이냐 아니냐,

다른 사람이 어떻게 보느냐는 신경도 안 쓴다.

지금 이 순간의 감정이 가장 중요하다.

그래서 자연스럽게 거짓말을 한다.

시간이 지나면 자기가 한 거짓말이 진짜라고 믿기도 한다.

월요일이다.

주말에 어떻게 지냈는지 이야기했다.

'봄'을 배우고 있어서 가족과 봄나들이 다녀왔는지 물었다.

한 아이가 꽃구경을 했다고 말했다.

외계인은 이기고 싶은 욕망이 강하다.

친구가 특별한 일을 겪으면

자기는 더 특별한 일을 겪었다고 말한다.

주말 내내 집에만 있었던 외계인이

이 순간에 충실해지기 시작한다.

나 봄이 와서 꽃이 피고 있지? 가족과 봄나들이 간 사람?

외계인 1 봄나들이 가서 개 세 마리랑 놀았어요.

나 어떻게 놀았어?

외계인 1 네. 개 세 마리가 달려들어 도망 다녔어요.

잠시 개 이야기를 들은 뒤에 물었다.

나 개를 어디에서 봤어? 봄나들이 간 곳이 어디야?

외계인 1 5동에서 6동 가다 보면 개 세 마리가 있어요.

외계인 2 에이~.

외계인 3 아파트잖아!

나 난 또, 멀리 갔다 온 줄 알았네.

우리가 실망하는 반응을 보이자 외계인 1이 무리수를 둔다.

외계인 1 개한테 깨물렸어요.

외계인 2, 3 정말? 어디? 어디?

외계인 1 (검지를 보이며) 여기.

외계인 2 깨물린 자국이 없는데. 거짓말이지?

외계인 1 (손가락 마디에 생기는 금을 가리키며) 아니야. 여기 있
잖아. 여기 금 보이지?

외계인 2 그거 나도 있다. 너 거짓말하지?

외계인 3 그래, 나한테도 이런 금 있다.

외계인 1 아니야, 이건 빨갛잖아.

외계인 2 에이, 나랑 똑같은데 뭐!

외계인 3 어디가 빨개? 똑같은데…….

외계인 1 (씩씩대며) 이빨 없는 개한테 물렸다.

순간 당황했다. 이빨 없는 개한테 물렸다고 말하다니!

외계인 2 에이~ 거짓말이지?

외계인 1 진짜야, 진짜라구!

나 정말? 이빨 없는 개가 물었어?

외계인 1 네, 이빨 없는 개가 물었어요.

외계인 2 에이~ 거짓말이지?

외계인 1 (소리 지르며) 야! 사람도 어릴 때는 이빨이 없어. 너는
　　　　그것도 모르냐?

너무 당황해서 웃음이 나왔다.

거짓말이 확실한데

혹시라도 정말 이빨 없는 개한테 물린 건 아닐까,

하는 생각이 들 정도였다.

나 그래, 정말 이빨 없는 개가 물었을 수도 있지!

외계인 1 진짜예요. 이빨 없는 개가 물었어요.

나 105동과 106동 사이라고 했지? 가보면 되겠네.

외계인 1 (목소리가 줄어들며) 네. 진짜 이빨 없는 개한테 물렸
　　　　어요.

이빨 없는 개한테 물렸다는 말은 거짓말이다.
1주일 뒤에 우연히 이빨 없는 개 이야기가 다시 나오자
외계인 1이 앞니가 두 개 없는 개한테 물렸다고
말했기 때문이다.
외계인 2와 3은 이빨 없는 개가 물었다는 말보다
앞니 없는 개가 물었다는 말을 더 믿었다.

거짓말

차라리 들킬 거짓말을 하자.
다른 사람을 속이지 못한다는 건 축복이다.
어떤 아이들은 거짓말일까 의심하는 내가
잘못 생각한 건 아닐까
다시 의심하게 만들 정도로 거짓말을 잘한다.
거짓은 거짓을 낳는다.

지구에서는 거짓말만 잘해도 먹고 사는 데 지장이 없다.
지구인들은 거짓말을 정교하게 만들어
들키지 않는 기술을 개발했다.

거짓말을 한다는 사실을 자신이 모를 정도로 거짓에 물들었다.
거짓이 많아지다 보니
거짓 속에서 진실을 찾아내는 기술도 발전했다.
거짓말을 가려내는 기계(거짓말 탐지기)를 만들고,
거짓말을 찾아내는 특별한 장소(법원)도 만들었다.
거짓말을 가려내는 직업(판사)은 인기를 끌고 있다.

거짓말을 많이 하기 때문에
지구인들은 같은 지구인이 한 말보다
거짓말 탐지기를 더 믿으며
거짓말을 가려내는 직업을 우러러본다.
그래서 자녀를 이 자리에 앉히려고 기를 쓴다.
그게 안 되면 거짓말을 해서라도
판사, 변호사, 검사와 친해지려 한다.
쉽고 빠르게 부자가 되기 때문이다.

워낙 거짓말하는 지구인이 많기 때문에
지구인들은 들킬 거짓말을 하는 아이를 순진하다고 좋아한다.
교묘하지 않은 거짓말을 보며 좋아할 정도로
거짓이 많아졌기 때문일까?

거짓의 본성을 갖고 태어나는지,
부모를 보며 배운 건지 모르겠지만

교사로 지내면서 판사 노릇 해야 할 때가 많다.
누가 먼저 잘못했는지, 누가 거짓말을 하는지 찾아내다 보면
감당하기 어려운 뻔뻔함과 적대감을 만난다.
아직 어린아이들 마음에서 교묘한 거짓말을 보면
심장이 떨리고 안타까운 마음이 든다.

우리 반 외계인들도 거짓에 거짓을 쌓아 올린다.
거짓말을 계속하게 만드는 두려움이 있나 보다.
점심때 유치원 선생님이 얼마나 무서웠는지 이야기를 나눈다.
외계인 대화에 끼어들어 물었다.
"내가 더 무서워? 유치원 선생님이 더 무서워?"
"유치원 선생님이 훨씬 더 무서워요."
"어떻게 하는데? 혹시 때렸니?"
"경찰 아저씨한테 잡아가라 한댔어요."

이 말을 듣기 이틀 전 점심시간에 외계인들이 많이 떠들었다.
밥 먹으라는 소리를 여러 번 했다.
지난해 우리 반이던 6학년 아이가 계속 쳐다보다가
"선생님, 밥 먹으라는 말 열여섯 번 했어요." 한다.
"아마 30번은 해야 밥 다 먹을 거야!"라고 해줬다.
외계인들이 호기심을 갖고 무슨 얘기냐고 묻는다.
"얘들아, 밥 먹어. 밥 먹으라는 얘기야!"

웃으며 계속 친절하게 대답하는 게 힘들다.

두려움을 앞세우면 쉽고 빠르게 고친다.

"시끄러~~~~!! 입 다물고 똑바로 먹어."

"경찰 아저씨한테 잡아가라고 한다."

"내가 도대체 몇 번을 말해야 알아들어?"

......

그래도 소리 지르며 협박하지 않으련다.

정말 두려워해야 할 것은

내가 아니라 거짓임을 알게 하려면 어떻게 해야 할까?

친절하게 수십 번 말하기 정말 힘들지만

정직하고 바르게 사는 지구인으로 기르려면 이 방법밖에 없다.

3.
외계인은 외계인을 알아본다

아이들은 모두 별에서 왔다.

지구인들은 아이들이 어느 별에서 왔는지 모른다.

외계인들도 자기들이 어디에서 왔는지 모른다.

너무 오래전에, 너무 먼 곳에서 별을 떠나와서 기억을 잃었다.

가끔 고향을 기억하는 사람이 희미한 기억을 떠올려 표현한다.

그러면 사람들이 그걸 통해 고향을 그리워하는 마음을 달랜다.

《어린 왕자》가 그런 책이다.

외계인들은 자신이 어디에서 왔는지 전혀 모른다.

자기들이 외계인이라는 사실도 눈치채지 못한다.

그래도 마음에는 고향에 대한 희미한 갈망이 남아있다.

그래서 같은 별에서 온 친구를 기가 막히게 찾아낸다.

전혀 어울리지 않는 두 외계인이 정말 친하게 지낸다면

이유는 단 하나다. 그들은 같은 별에서 왔다.

그들을 축복하라.

공부 잘하는 친구를 사귀라 하지 말고 축하해라.

함께 지내며 서로를 위로하게 하라.

같은 별에서 온 친구를 만난다는 건,
무엇과도 바꿀 수 없는 귀한 선물이다.

언젠가 산골 학교에서 한 외계인이 혼자 입학했다.
주변의 모든 것을 무서워했다.
선생님이 없거나, 다른 학교에 가거나, 낯선 이야기만 해도
엄마 잃은 아기처럼 울었다.
2학년이 되어 친구가 한 명 전학 오자 돌변했다.
온 사방 날뛰며 돌아다녔다.
낯선 종족 사이에서 홀로 살아가던 외계인이
같은 별에서 온 친구를 만나더니 용감한 전사가 되었다.
둘은 자기들이 오랜 옛날의 기억으로 묶여있다는 걸
본능적으로 알았다.
우리가 보기에 전혀 어울리지 않는 두 사람이 결혼하는 것도
어쩌면 같은 별에서 온 동족에 대한 그리움 때문이다.
어울리지 않는다고 아무리 말려도 소용없다.
뿌리에 대한 갈망은 현재의 모순을 뛰어넘는다.

외계인의 특징을 잘 모르던 신규 교사일 때
날마다 싸우는 두 아이가
왜 계속 붙어 다니는지 이해를 못 했다.
그러나 이젠 안다.
외계인은 외계인을 알아본다.

진즉에 이걸 알았다면

둘을 흐뭇하게 바라보며 축하했을 텐데…….

그때는 아무것도 모르고 둘을 떼어놓으려다가

두 아이뿐만 아니라 친구들까지 힘들게 했다.

그나저나 나와 같은 별에서 온 외계인 친구는 어디에 있을까?

4.
외계인들은 수렵, 채집 생활을 즐긴다

외계인들과 산에 갈 때는 양손을 가볍게 해야 한다.

덥다고 옷을 들어달라 하고

나무막대와 나뭇잎, 돌멩이까지 들어달라고 한다.

옷은 외계인 허리에 묶거나 나무에 걸어둔다.

나무막대는 잠깐 들어주고, 나뭇잎과 돌멩이는 안 들어준다.

아무리 외계인을 가르치는 위대한 사명으로 살고 있지만

10초만 지나면 다른 나뭇잎과 돌멩이가 더 좋다고 바꾸는데

나도 어쩔 수 없다.

외계인들이 주웠다 버렸다 하는 걸 참고

날마다 외계인과 산책하는 것만으로도 대단하지 않은가!

외계인은 지구인이 거들떠보지도 않는 것들을 주머니에 넣는다.

특히 열매를 보면 보물이라도 찾은 것처럼 호들갑을 떤다.

밤송이에서 밤알을 꺼낸다. 지난해에 떨어져 짓눌린 밤알.

도토리를 챙긴다. 낙엽에 묻혀 색깔이 변한 도토리.

은행알도 고이 가져간다.

흙에 반쯤 파묻혀 더럽고 냄새나는 은행.

도토리를 주우면 밤알을 버리고
은행을 주우면 도토리를 버리는데
다음에 가면 또 줍는다.

아~.
외계인 고향에서는 지금도 수렵, 채집 생활을 하나 보다.
맞다.
외계인들은 산에 가면 꼭 나무를 칼이라 생각하고 휘두른다.
산에만 오면 외계 행성에서 생활하던 습관이
강하게 나타나는 것 같다.
이건 다른 나라 외계인에게도 일어나는 공통된 모습이다.
독일 외계인과 한 달 정도 함께 지냈다.
산에 데려가면 꼭 나무막대를 칼처럼 휘둘렀다.
독일로 돌아갈 때 한국에서 가장 기억나는 걸 물었다.
"산에 가서 칼 들고 적들을 해치웠던 거요."
물집이 생기도록 가시나무를 후려친 그 날,
독일 외계인이 수렵의 두근거림을 느꼈나 보다.

이런 외계인을 좁은 교실에 가둬놓고 읽고 쓰고 외우라고 하니
외계인들이 못 살겠다고 아우성을 친다.
책과 공책에서 나무의 숨결이 느껴지고
연필을 보면 칼을 휘두르던 생각이 나는데
어찌 조용히 앉아 공부만 할 수 있으랴!

지우개에 구멍을 뚫고 연필을 끼워 방패를 만든다.
지우개 귀퉁이를 뜯어내어 투석전을 준비한다.
자그마한 연필로 칼싸움을 하면서
고향에 대한 그리움을 드러낸다.

저 멀리 빛나는 별나라를 향한 그리움에 젖은 외계인들에게
읽기, 쓰기, 셈하기를 가르치는 것도 모자라
지구 저쪽에 사는 종족의 언어를 배우라고 하니 미칠 지경이다.
영어로 말하는 외계인과 함께 산에 보내면
외계 언어로 금방 친해질 텐데
지구인들이 뭘 모르고 외계인을 너무 괴롭힌다.
그러면 7년의 저주가 시작된다.
초등학교 1학년으로부터 7년 뒤, 중학교 2학년이 되면
충분히 누리지 못한 수렵, 채집에의 욕구가 솟아올라
외계인 습성으로 돌아가려고 몸부림친다.

7년의 저주를 끊으려면
산과 들에서 충분히 수렵과 채집을 해야 한다.
고향에 대한 그리움을 풀어주면 고분고분해진다.
그래서 나는 외계인들이 칼싸움을 하게 놔둔다.
이리저리 뛰어다니며 소리소리 지르게 해준다.
칼과 지팡이를 만들어주기도 한다.
그럼 지금까지 갖고 다니던 작대기를 버리고

내가 준 나무가 아서 왕의 엑스칼리버라도 되는 듯 좋아한다.
땀을 뻘뻘 흘리고, 손에 물집이 잡혀도
마냥 즐거워하는 모습을 보면
여기가 고향이구나, 하는 생각이 가득해진다.

물론 외계인과 날마다 산에 가는 게 쉽지는 않다.
외계인은 돌담을 보면 기를 쓰고 오르려고 한다.
개울을 보면 뛰어들려 한다.
경사가 얼마나 급한지 모르고
무조건 올라가거나 내려가려 한다.
고라니가 다니는 곳이라 하면 당장 보여달라 하고
뱀이 산다고 하면 구멍이란 구멍은 다 찔러본다.

몇 년 전에 시내 학교 외계인들과 시골에 현장학습을 갔다.
한 외계인이
비스듬히 서 있는 나무를 보더니 낑낑대고 올라갔다.
꼭대기에 앉는 순간,
너무 높이 왔다는 걸 알고는 엉엉~ 울었다.
외계인의 특성을 잘 모르는 옆 반 선생님이 소리쳤다.
"내려오지도 못하면서 거긴 왜 올라가고 난리야!"
난 7년 저주를 알기 때문에 먼저 외계인을 안심시켰다.
반대편으로 올라가서 내 다리 사이에 외계인 몸통을 끼웠다.
그리고 양팔로 나무를 붙잡고

외계인과 함께 미끄러져 내려왔다.

팔이 쑤시고 옷을 버렸다.

내 다리에 나는 피를 보고 흥분하는 외계인들을
진정시켜야 했다.

그렇지만 7년 저주를 끊기 위해 아이들을 계속 산에 데려간다.

지구인 부모들이여, 자녀를 산과 들로 데려가라!

아이들을 살리는 일에 동참하라!!

5.
그러나 영역 구분을 확실하게 해야 한다

외계인은 영역 구분을 제대로 못 한다.
외계인에게 칼을 만들어주고
산과 들에서 마음껏 수렵, 채집 활동을 하게 하면
예전에 선조들이 했던 것처럼
지구를 정복하려는 욕구가 솟구친다.

모래밭에 구멍을 뚫으며 우물 파는 연습을 하고,
운동장에서 쫓고 쫓기며 사냥 연습을 한다.
나무에 기어오르며 도망하는 놀이를 한 뒤에는
지구인의 모습으로 교실에 돌아오라고 가르쳐야 한다.
나무 작대기를 교실에 가지고 오지 못하게 말려야 한다.

지우개에 구멍을 뚫거나 뜯어내는 행동이
고향에 대한 그리움을 나타내는 표시임을 알고는 있지만
교실에서 그렇게 하도록 내버려 두면 안 된다.
"너흰 지구인으로, 지구를 사랑하며 살아야 한다.
연필을 부러뜨리고 지우개를 망가뜨리는 행동은

지구 자원을 낭비하며

지구인 되기 교육을 방해하는 나쁜 행동이다."

이때는 반드시 화를 내지 말고 친절하게 말해야 한다.

그렇지 않으면 반발심이 생겨 다시 외계인으로 돌아가려 한다.

영역 구분은 너무나 중요하기에 다시 한번 말한다.

교실과 복도에서 칼싸움을 하게 두면

외계인을 지구인으로 바꾸는 훈련이 모두 허사가 된다.

교실은 전쟁터가 되고

복도에서는 실제로 전쟁이 일어난다.

외계인들이 전쟁을 시작하면

대부분의 지구인은 놀라고 당황해서

"뭐, 이런 애들이 다 있어?"

하며 소리를 지르거나 못 본 척 무시한다.

그러면 외계인들은

소리 지르는 사람이 없을 때마다 전쟁을 벌인다.

대놓고 전쟁터를 만들기도 한다.

산책을 마치고 학교에 돌아오면 외계인들에게 말한다.

"칼과 창을 수풀에 숨겨라.

전쟁에서 승리한 용사들은

평화의 입맞춤으로 마을에 입성한다."

가끔 나무를 교실에 갖고 들어가려는 외계인이 있다.

이때만큼은 내가 간달프라도 된 듯 소리친다.

"어딜! 칼과 무기는 내 성에 갖고 들어오지 못한다."

"You can not pass!"*

---

* '반지의 제왕' 1편 반지 원정대에서 간달프와 일행이 모리아의 동굴을 지나가다가 마지막에 암흑의 괴물 발로그에게 쫓기는 절체절명의 순간을 만난다. 이때 간달프가 일행을 보호하기 위해 홀로 발로그와 맞서며 한 말이다. 이 말을 한 뒤에 간달프는 모리아의 깊은 어둠 속으로 떨어진다.

6.
고학년 지구인도
가끔 외계인으로 돌아간다

우리 학교 뒷산 중턱에 은행나무가 한 그루 서 있다.

1500살이다.

광개토대왕과 친구다.

장수왕은 쩝이 안 될 정도로 장수했다.

학교에서 은행나무까지 왕복 35분 정도 걸린다.

외계인들이 점심을 빨리 먹으면

5교시 시작 전에 갔다 올 수 있다.

낙엽 밟고 오솔길을 지나,

쓰러진 나무를 타 넘고 은행나무에 갔다.

보호 울타리 주위에 제과점 사탕과 막대사탕이 꽂혀있다.

누군가 대학 입학이나 무병장수를 빌고

제물로 꽂아놓은 모양이다.

외계인들 눈빛이 반짝인다.

우리 학교 주위에는 제과점은커녕 가게도 없다.

"선생님, 왜 사탕이 여기 있어요?"

("이거 먹어도 돼요?"의 다른 표현이다.)

"저번에 왔을 때는 없었는데…….
(역시 "이거 먹어도 돼요?"라는 뜻이다.)
"은행나무에 소원 빌고 놔뒀나 보다."
"사탕이 엄청 커요."
("이거 먹어도 돼요?"의 또 다른 표현이다.)
"하나씩만 먹자. 혹시 모르니까 학교에 가서 씻어 먹자."
"야호!! 신난다."
사방을 뛰어다니며 어느 걸 먹을지 고른다.
학교에 돌아와서 껍질을 벗겨내고 사탕을 씻은 뒤에 먹었다.
외계인들이 마치 고향에 온 듯한 표정으로 사탕을 빨아 먹는다.

외계인 티를 벗어난 4학년 지구인들이 묻는다.
"선생님, 이거 먹어도 되는 건가요?"
"왜? 안 되는 이유라도 있어?"
"어제 우리도 은행나무에 갔는데 안 먹고 그냥 왔거든요."
"너희도 가서 먹어라. 다 가져오지는 말고."

4학년들이 담임 선생님께 산에 가자고 조른다.
내가 날마다 외계인들 데리고 산에 갈 때
덥다고, 귀찮다고, 힘들다고 안 가던 지구인들이
갑자기 외계인 시절로 돌아가 산에 가자고 조른다.
결국, 은행나무에 가서
사탕을 하나도 남기지 않고 다 가져왔다.

우리 반 외계인들은 하나만 갖고 다 남겨두고 왔는데
지구인의 욕심을 배운 4학년들은 모조리 다 가져왔다.

지구인의 욕심에 물들면 약이 없는데…….
우리 외계인이 욕심에 물들지 않게 해야 하는데…….
이제는 산에 가서 꽃이나 먹어야겠다.

7.
외계인도 자존심이 있다

3월, 국어 시간이다.

"누가 오늘 배울 내용을 읽어볼까?"

아직 지구 글씨를 잘 모르는 외계인까지 모두 손을 번쩍 든다.

그림을 보고 내용을 마음대로 지어낸다.

"갯낭참짓궁다."

지구 언어를 잘 아는 외계인이 그거 아니라고 하면 화를 낸다.

외계인에게도 자존심이 있다.

4월, 점심시간이다.

외계인들 데리고 뒷산에 고사리를 꺾으러 갔다.

너무 작아도 꺾지 말고, 너무 커도 꺾지 말라고 일렀다.

처음에는 내 곁을 따라다니며 하나둘씩 꺾었다.

스스로 고사리를 찾아낼 정도가 되자 전쟁이 시작되었다.

"적을 소탕하라. 노획물은 골고루 나눠주겠다!"

깊은 산에서 살고 있는 외계인은 나만큼 꺾어왔다.

"난 산에 살아서 고사리 엄청 잘 꺾어. 찔레도 꺾어 먹고……"

산에서 온 외계인을 이기지 못하는 외계인 2가 화가 났다.

내 곁에 찰싹 붙어서 내가 허리를 숙이려고 하면 먼저 채간다.
외계인 1은 너무 커서 먹지 못하는 것을 꺾어 부피를 늘인다.
고사리 같은 손으로 고사리 꺾으며 자존심 싸움을 하고 있다.

5월, 퇴근 시간이다.
2학년 외계인이 화장실에서 울고 있다.
이 외계인은 '우는' 외계인이다.
지난해 1학년일 때 툭하면 울었다.
우리 학교는 학생 수가 적어서 여럿이 하는 활동을 못 한다.
그래서 가끔 학생 수가 적은 학교 아이들이
모여서 함께 공부한다.
이 외계인은 다른 학교 갈 때마다 울었다.
다른 학교 교문만 보여도 말을 잊고 눈물이 맺혔다.
담임 선생님이 잠깐 아이 곁을 떠나면
통곡 소리를 들어야 했다.
2학년이 되고 외계인 동생들이 생기자
다른 학교 가도 울지 않았다.
모든 교사가 진짜 지구인이 되었다고 축하를 해주었다.
그러나 1학년 동생들을 외계인 취급하던 형이
하교 시간에 데리러 오기로 한 엄마가 오지 않는다고 운다.
외계인 동생들이 볼까 봐 화장실에서 혼자 운다.
외계인 3을 집에 데려다주려고 나가다 만났는데
눈에 눈물이 글썽거리면서도 안 운 것처럼 끙끙댄다.

외계인 동생 앞에서 자기도 외계인이었다는 걸 감추려나 보다.
자신의 존재감을 나타낼 증거를 보여주려나 보다.
"외계인이라도 괜찮다. 너흰 존재 자체가 귀하단다!"

8.
외계인은 복제 기술이 뛰어나다

외계인 1이 외계인 3을 놀린다.

나 그러면 안 돼. 놀리면 친구가 스트레스받거든.

잠시 뒤에 외계인 2가 외계인 3에게 잔소리를 한다.

외계인 3 아, 스트레스받는다.

그래도 외계인 2가 잔소리를 계속하자,

외계인 3 선생님, 스트레스받아 죽겠어요.
외계인 1 나도 스트레스받아 죽겠어요.
나 너는 왜?
외계인 1 스트레스 엄청 받아요.
외계인 2 나는 얘네들 때문에 스트레스받았어요.
나 어이쿠! 스트레스 엄청 받았구나! 그치!
외계인 1, 2, 3 네, 진짜 스트레스받았어요.

이대로 두면 하루 종일 스트레스 얘기할 거다.

나 스트레스는 마음이 많이 힘들 때를 말하는 거야.

이렇게 말해도 소용이 없다.

나 스트레스를 날려버리려면 웃어야 해! 웃자!!

건들기만 해도 웃는 외계인 2가 웃는다.
잘 따라 하는 외계인 3이 따라 웃자 외계인 1도 웃는다.
스트레스, 웃음에 이어 다음엔 무얼 복제할까?

점심시간에 밥 먹으라는 말을 하다 지쳤다.
그래서 밥 먹으라는 말을 다른 말로 바꾸었다.

나 얘들아, 1+1이 뭐야?

외계인들 2! 2! 2! 2죠. 2야. 2 맞아! 2~ 2~ 2~.
나 그래. 2가 맞아. 그런데 밥 먹을 때는 2가 아니야.
외계인들 그럼 뭐예요?
나 1+1 = 밥 먹어. 1+2 = 밥 먹어. 2+2 = 밥 먹어

자 연습해보자.

나 1+1은 뭐지?

외계인들 밥 먹어!

나 1+2는?

외계인들 밥 먹어!

그 뒤로 외계인들이 밥 안 먹고 떠들 때마다 말한다. 1+1은?

"밥 먹어!"

재미있나 보다.

친구가 밥을 안 먹고 있으면 자기들끼리 묻는다.

"1+1은?"

"밥 먹어!"

"1+2는?"

"밥 먹어!"

이걸 계속하면서 밥을 안 먹는다.

나 100+100은 뭐야?

외계인들 밥 먹어!

나 그래, 밥 먹으라고. 밥 먹어. 밥 먹어. 밥 먹어. 밥 먹어.

1주일이 지나도, 한 달이 지나도 점심시간마다 들린다.

외계인 3 1+1은?

외계인 1 밥 먹어.

외계인 1 2+2는?

외계인 3 밥 먹어.

어느 날 외계인 1이 밥을 안 먹고 떠든다.

외계인 3 1+1은?

외계인 1 2

순간, 주변에 있던 사람들 모두 너무 놀라 입을 다물었다.

외계인의 무한 반복 재생 기능을 깨뜨린 능력자가 나타났다.

다들 무한한 존경의 눈으로 바라본다.

그러나 외계인의 심리를 잘 아는 나로서는 그냥 둘 수 없다.

가만두면 천백(외계인이 아는 가장 큰 숫자)+천백을 할 때까지

계속 묻고 답할 거다.

그래서 조용히 말했다.

"밥 먹어!"

외계인은 복제 기술, 무한 반복 재생 능력이 뛰어나다.

하나를 들으면 지구인이 지쳐 나가떨어질 때까지 되풀이한다.

하나를 해주면 다음 날 또 해달라고 한다.

다음 날도, 그다음 날도 또 해달라고 한다.

지치지 않는다.

지구인은 세 번쯤 해주고는 그만하고 싶어 한다.

그러나 외계인은 질리지 않는다.

무한 반복 재생해 달라고 한다.

어쩌면 외계 행성에 무한 반복 재생 기계가 있나 보다.

그래서 외계인은

지구인 부모가 외계 행성의 무한 반복 재생 기계인 양

해달라고, 또 해달라고, 다시 해달라고 무한 반복해서 말한다.

지구인 부모가 친절하게 무한 반복 재생을 하면

외계인들은 고향에 온 듯 편안해진다.

그러면 지구를 고향이라 생각하고 빨리 적응한다.

그러나 지구인 부모가 견디지 못한다.

외계인들을 빨리 안정시키고 싶고,

무한 반복 재생은 하기 싫다면

한순간에 빠지는 특징을 이용해야 한다.

외계인들 마음을 빼앗을 대체물을 제공하면 된다.

"파리다!" 이거 하나로 충분하다.

"밥이 적군이다. 공격하라!" 이거면 훌륭하다.

"빨리 먹고 산에 가자!" 완벽하다.

9.
외계인 나라의 정당 분석

《걸리버 여행기》의 두 소인국은 끊임없이 전쟁을 했다.
이유는 단 하나,
소인국 릴리푸트는 달걀의 얇은 쪽을 깨고
블레푸스쿠는 두꺼운 쪽을 깨기 때문이다.
걸리버가 머물던 릴리푸트에는 정당이 두 개 있다.
트라멕산 당은 굽이 높은 신발을 신고
슬라멕산 당은 굽이 낮은 신발을 신는다.
1~2mm 차이로 전쟁과 당파 싸움을 하고 있다.

외계인 본국에는 세 개의 당이 있다.
거대 여당은 고기당이다.
고기당은 텔레스크린*을 통해
고기가 좋다는 인식을 강화시킨다.
"채소는 국론을 분열시킨다."
"초록은 나약함의 상징이다."
이런 말에 세뇌된 외계인들은 초록을 욕으로 쓴다.

* 조지 오웰이 쓴《1984》에서 국민을 감시하는 도구이다.

"이런, 초록이 같으니라고~."

초록이라는 욕을 들은 외계인이 결백을 증명하려면

......

아~ 이것까지는 차마 말하고 싶지 않다.

얼마나 세뇌를 잘 시켰는지

고향을 떠나 지구에 정착한 외계인들도 고기만 찾는다.

채소가 좋다고 아무리 말해도 아랑곳하지 않는다.

차마 말하고 싶지 않은, 바로 그 일을 당하기 싫기 때문일까?

외계인들은 채소를 벌레 보듯 싫어한다.

비빔밥에 썰어 넣은 당근 조각을 하나하나 찾아낸다.

놀라운 능력이다.

이런 분리 능력이라면

우라늄에서 원자핵을 분리하는 것쯤은 식은 죽 먹기다.

이런 점에서 아인슈타인은 외계인일 가능성이 크다.

《걸리버 여행기》를 쓴 조너선 스위프트는 외계인일 것이다.

텔레스크린을 지구에 소개한 조지 오웰도 외계인이 틀림없다.

조사하면 다 나온다.

외계인 나라에는 두 개의 소수 야당이 있다.

초록당과 빨강당이다.

그나마 생각이 있는 소수 외계인들이 초록당을 지지한다.

그러나 우리 반 외계인들은 아직 생각이 짧다.

외계인들이 고기만큼 좋아하는 기름에 풍덩 담가 튀겨도
초록색이 있으면 안 먹는다.
주황, 보라, 황금색 채소를 섞어 튀겨도 다 찾아낸다.

외계인들이 가장 싫어하는 당은 빨강당이다.
외계인들은 빨강에 대한 적대감이 있다.
붉은 고추와 파프리카를 보면 몸서리를 친다.
태어날 때부터 빨강색이 맵다는 세뇌를 받은 것 같다.
지구인 중에도 빨강에 대한 독특한 생각을 가진 사람이 있는데
도대체 누가 누구의 영향을 받은 건지 모르겠다.

그러나 내가 누군가!
외계인을 지구인으로 만들기 위해서는
초록 음식을 먹여야 한다.
빨강에 대한 공포를 극복하게 만들어야 한다.
다행히 우리에겐 태양의 후예 송중기가 있다.
그리고 공포감이 가장 심한 외계인이 송중기를 좋아한다.
"외계인아, 넌 태양의 후예다.
태양의 후예는 붉게 불타는 심장을 갖고 있다.
붉은 파프리카는 너를 강하게 해줄 거다.
먹어라. 그래야 대위다.
안 먹으면 넌 그냥 갈매기다.
넌 태양의 후예다. 할 수 있다. 먹어라!"

빨강당이 끔찍하다고 세뇌당한 외계인이라도
갈매기가 되기 싫어서, 대위가 되려고 파프리카를 먹는다.

수요일에 국수가 나왔다.
맛이 밋밋해서 고춧가루를 넣어 먹었다.
그런데 놀라운 일이 벌어졌다.
외계인이 자기 국수에 고춧가루를 넣는다.
드디어, 드디어!
자신이 태양의 후예라는 걸 알았나 보다.

후유증이 있다.
파프리카가 전혀 맵지 않다는 걸 알게 되면
외계인은 자신이 정말 송중기라고 생각한다.
이걸 염려해서 외계인들이 빨강당을 혐오하게 만드나 보다.

고기 좋아하는 외계인들을 지구에 계속 보내서
지구인들이 지구 곳곳에 소와 양, 돼지, 닭을 기르게 하는 것이
외계인 통치자들의 핵심 전략이다.
고기를 제공하는 동물을 기르기 위해
숲을 파괴하고, 메탄가스를 계속 내뿜게 만들어
남극과 북극의 빙하를 높이고, 아마존을 파괴한 뒤에
지구를 정복하려 한다.
외계인의 공격에서 지구를 구하기 위해 채소를 먹자!!

10.
외계 행성은 약육강식의 세상이었다

⋮

3월에 가끔 외계인 1이 외계인 2를 때렸다.

때리지 말라고 단단히 일렀다.

한동안 때리지 않다가 4월이 끝날 때 사건이 터졌다.

외계인 1이 외계인 2의 뺨을 다섯 대나 때렸다.

사건 발생 다음 날,

복도에서 외계인 1과 마주 앉아 사실을 확인했다.

"친구 때렸니?"

……

(네 눈빛이 때렸다고 말하는구나. 그럼 시간 낭비하지 말고 다음 질문!)

"어디 때렸어?"

"배랑 등이요."

(이번에도 눈빛이 아니라고 말하는데 또 거짓말이니?)

"아니지. 뺨을 때렸잖아. 몇 번 때렸어?"

"한 번이요."

"몇 번 때렸어?"

"두 번이요."

"친구 때린 잘못을 했는데 거짓말하는 잘못까지 할래? 몇 번?"

"다섯 번이요."

어디 때렸는지 물으면 친구 때렸는지 확인할 필요가 없다.

뺨을 몇 번 때렸는지 물으면

배랑 등을 때린 거짓말을 확인하지 않아도 된다.

거짓말 찾아내기 전문가가 된 내 모습이 싫다.

"왜 때렸어?"

"그냥이요."

또 나왔다. '그냥!'

외계인들은 '그냥' 하는 일이 많다.

아무 생각 없이 그냥 나쁜 짓을 한다.

같이 놀았던 4학년을 불러 어떻게 된 일인지 알아보는 도중에

2학년 오빠도 조금 전에

외계인 2를 때렸다는 사실을 알아냈다.

4학년 형이 2학년 동생에게

외계인 2를 때리라고 시켰다는 거다.

4학년 눈에 이 아이가 정말 외계인처럼 보였나 보다.

2학년과 4학년을 타일러 보내고

외계인 1을 어떻게 혼낼까 생각했다.

외계인은 건망증이 심하다.

수십 번 되풀이해서 말해야 겨우 알아듣는다.

친구 때리지 말라고 얼마나 많이 얘기했는지 모른다.

복도에서 뛰고 숙제 안 하고 어떤 잘못을 해도

칭찬스티커를 떼지는 않지만

친구 때리면 즉시 떼겠다고 수십 번이나 말했다.

그런데도 친구 뺨을 다섯 번이나 때렸다.

다시는 때리지 않게 하기 위해

교실에서 숨죽이며 듣고 있을 아이들도

서로를 때리지 않게 하려고

소리를 버럭버럭 지르며 혼을 내줬다.

"우르르 쾅쾅."

1. 1주일 동안 점심시간에 나와 단둘이 밥을 먹는다.

2. 친구들이 점심시간에 산에 가거나 놀 때 반성 문장을 쓴다.

3. 친구 때린 숫자만큼 칭찬스티커를 다섯 개 뗀다.

식당 구석에 따로 앉아 점심을 먹으며 물었다.

"유치원 때도 친구들 때렸어?"

"아니요."

"그땐 어떻게 안 때렸어?"

"친구들이 쎘거든요."

"그럼 외계인 2는 약해서 때린 거야?"

"네."

이걸 지금 알아서 다행이다.

복도에서 사실을 확인할 때 알았다면 내가 외계인이 될 뻔했다.

〈친구를 때리지 않겠습니다〉만 쓰고 끝내려던 생각이 바뀌었다.

부모님께 전화했다.

수업 마치고 출장 가려고 교무실에 내려갔다.

전교생 열한 명이 아이스크림을 먹으려고 모여 있었다.

"선생님, 어디 가세요?"

번개가 치듯 떠오른 생각!

"우리 반 학생이 다른 학생을 때리면

선생님이 교육을 받으러 가야 해.

너무 심각한 일이라서 때리지 않게 하는 방법을

배우러 가야 해."

이건 거짓말이다. 하얀 거짓말이지만 거짓말이다.

이렇게 해서라도 때리지 않게 해야 하는 걸까?

외계인들 마음에 호소하면 다시 때릴 텐데,

두려움을 자극하면 다시 때리지는 않지만

진실을 알면 어떻게 될까?

만약 다시 때린다면

다음에는 내가 더 큰 거짓말을 해야 하는 건 아닐까?

어떻게 해야 할지 모르겠다.

신규일 때는 고민 없이 "너도 맞아봐라!" 했는데
나이가 들면서 머뭇거리게 된다.
외계인 전문가라고 자부하던 마음이 한순간에 사라졌다.
나는 어떻게 해야 할지 몰라 갈팡질팡하는데
외계인은 금방 잊고 웃으며 뛰어다닌다.
다음 날, "선생님, 오늘은 안 때렸어요!" 한다.
정말 외계인이다.
그래, 계속 때리지 마라. 내가 반드시 지구인으로 만들겠다.
약육강식의 외계 행성을 잊고 지구인이 되어라.

외계인을 다루는 방법 10가지)

1.
산책

"복도에서 뛰면 안 되지요. 걸어 다니세요."

"우당탕탕탕~~."

"아침부터 사탕 먹으면 이가 아파요. 2교시 끝나고 먹어요."

다음 날 아침, 사탕을 물고 인사한다.

히터를 틀어놓았으니 문을 닫고 다니세요.

몇 번 말해도 계속 문을 닫지 않는다.

나는 속으로 계속 외친다.

"얘네는 나를 무시하는 게 아니야. 그냥 잊은 거야!"

"맞아, 나를 얕보는 게 아니야. 1학년이잖아."

"어떻게 또 잊을 수 있지? 외계인인가?"

"외계인이라면 혼내고 겁준다고 달라지지 않을 거야!"

"그럼 어떻게 하지? 무얼 해야 할까? 아이들이 무얼 좋아할까?"

……

나는 점심 먹고 날마다 아이들과 함께

학교 뒷산에 산책을 간다.

아이들이 산책을 아주 좋아한다.

그렇다면~.

"너희 계속 뛰어다니고 사탕 먹으면 산에 안 데리고 간다."
"선생님, 안 뛸게요. 사탕 안 먹을게요. 산에 꼭 가요. 네?"

이제 하나 찾았다. 외계인 조절법!

외계인을 기르는 지구인 부모들은
외계인이 지구인 많이 모인 곳에 가기 좋아한다고 생각한다.
그러나 외계인이 그런 곳을 좋아하는 까닭은
정말 좋은 곳에 가지 못했기 때문이다.

외계인은 지구인 냄새가 나지 않는 곳에서 생명력을 되찾는다.
산과 들에서 뛰어다닌 외계인은
웬만한 지구인보다 더 훌륭해진다.
몇몇 지구인이 산과 들을 개발하려고 몸부림치는 것은
그들이 돈이라는 우주 괴물의 포로가 되었기 때문이다.
우주 괴물의 포로를 지구인으로 다시 바꾸려면
산과 들에서 오래도록 길을 찾아 헤매게 만들어야 한다.
그러다가 지쳐 누웠을 때 하늘이 새롭게 보이는 일을 겪고
나뭇가지 사이로 지나는 바람 소리, 새소리를 들어야 한다.

4월 11일, 월요일에 '고라니'라는 지구 생물을 보았다.
이걸 본 외계인은 좋아 죽는 줄 알았다.
보지 못한 외계인은 아쉬워 미칠 지경이 된다.

외계인들 습성이 튀어나올 때마다 말한다.

"얘들아, 산에 가고 싶지?"

2.
쓰레기 줍기

3월이 거의 지나가는 어느 날 아침에 교실에 올라가니
"우당탕탕~~." 소리와 함께
외계인들이 사탕을 물고 뛰어다닌다.
"복도에서 걸어 다니라 했지요."
"네."
"사탕은 언제 먹어야 해요?"
"두 시간 끝나고요."
"아침부터 사탕 먹으면 이가 썩어요. 잘 알면서 왜 지키지 않
나요?"
......

산에 가는 것도 통하지 않는다면 무얼 할까?
적을 알고 나를 알면 백전백승이라 했다.
외계인 행성에는 온갖 보석이 쓰레기 사이에 숨어있다.
쓰레기에서 보물을 찾아낸 이야기가 외계출판사 판매 1위다.
"그럼 산에 쓰레기 주우러 못가겠어요."
"선생님, 제발~~ 다시는 안 떨게요. 사탕도 안 먹을게요."

손까지 비비며 싹싹 빈다.
외계인 2는 울려고 한다.
쓰레기를 줍다가 보석을 발견하고 싶은가 보다.

드디어 산에 쓰레기를 주우러 갔다.
시내 학교 아이들과 쓰레기를 주우러 가면
집게와 장갑을 주어야 했다.
지구인 눈에 쓰레기는 손으로 만지면 안 되는 오물이다.
그러나 우리 외계인들은 지구인이 아니다.
쓰레기가 더러운 줄 모른다.
쓰레기가 굴러가다 멈춰있는 비탈이 위험한지도 모른다.
흙에 반쯤 파묻힌 쓰레기도 파내고 산비탈에도 오르내린다.

쓰레기 찾아내는 기술이 어찌나 뛰어난지
'외계인은 다르구나!' 하는 생각이 절로 든다.
위험한 비탈에 있는 쓰레기까지 주우려고 한다.
'아니, 왜 저런 것까지 다 주우려 하나?'

나 같은 지구인은 아무리 좋은 일이라고 해도
내가 힘들면 대충 하려고 하지만 외계인은 이렇게 안 한다.
무얼 하건 온 힘을 다한다.
땀을 뻘뻘 흘리면서 지구를 깨끗하게 하는 외계인 덕분에
나도 오랜만에 정말 착한 지구인이 되어야 했다.

"요즘 복도에서 걸어 다니고 바르게 생활하네요. 어떤 상 줄까요?"

"네, 선생님! 산에 쓰레기 주우러 가요!"

3.
감정이입

오늘도 외계인들이 대거 지구 정복을 위해 납시셨다.

우당탕탕 복도에서 뛴다.

가방을 멘 채 딱지 시합을 벌이고 있다.

(딱지치기는 고도의 집중력, 순간적인 근력을 향상시킨다.

또한 손목 유연성, 눈과 팔의 협응 능력을 요구한다.

따라서 지구인은 딱지값을 터무니없이 올리는

치졸한 짓을 하지 말고 외계인을 위해

서울대에 '딱지과'를 신설해야 한다.

옳소! 옳소!!)

1주일 전에 준 안내장이 아직도 가방에 있다.

어제 급식 먹다 묻은 김칫국물도 손목에 묻어있다.

이럴 때는 '얘들은 도대체 왜 이럴까?' 하면 안 된다.

아침부터 외계인을 적으로 만들면 서로가 힘들다.

웃으며 이렇게 생각했다.

'얘네는 외계인이다. 서서히 지구인으로 바뀔 것이다.'

공부를 한다고 훌륭한 지구인이 되는 건 아니지만

공부를 해야 지구에서 하고 싶은 일을 할 수 있다.

"이제 딱지 그만하고 공부해요."
"선생님, 내일 학교 안 올 거예요."
재미가 없을 때마다 외계인이 하는 말이다.
"알았어. 내일은 아빠와 재미나게 놀아라!"
그래도 이 외계인이 어디 갈 데가 없기 때문에
내일 또 학교 올 거다.
외계인을 맡은 지구인 부모는
외계인과 아침부터 저녁까지 같이 지내기 힘들어한다.
차라리 다른 외계인을 맡아서 돌봐주러 갈 망정
자기가 맡은 외계인과 하루 종일 지내려 하지는 않는다.
자신이 얼마나 화를 잘 내는지 증명하는 기회만
늘려주기 때문이다.

그래서 지구인 부모에게 말한다 해도 소용없다.
자녀가 학교에 안 올 거라는 말을 한다고 알려도
지구인 부모는 외계인에게 화만 낼 뿐이다.
그들은 외계인을 설득하지 못한다.
(아, 가끔 외계인을 이해하고 설득하는 지구인 부모가 있다.
진심으로 존경과 감사를 보낸다. 그들은 진짜 영웅이다.)

학교에 와야 훌륭한 지구인이 된다는 말도 소용없다.

외계인들은 훌륭한 지구인이 되고 싶어 하지 않는다.

학교 오기 싫은 감정을 다른 사람에게 보내버려야겠다.

"그래, 내일은 동생을 보내라!" 하면 아주 좋아한다.

지구인도 직장에

다른 사람 보내고 싶을 때가 많은데 하물며…….

"내일은 너 대신 꼭 동생을 보내라!"

이듬해, 다른 학교로 자리를 옮겼다.

스승의 날에 산을 헤매고 다니던 외계인이 편지를 보냈다.

권일한 선생님께. 저는 배하겸입니다.

소달초등학교에서 일 년 전에 우리는 권일한 선생님과 함께 산도 가고, 저승골(골짜기)도 가고, 청수장(개울)도 갔지요.

선생님과 함께 현장학습 갔던 일도 생각나요.

저는 요즘 ○○○ 선생님과 재미있게 많은 과목을 공부하고 있어요.

권일한 선생님, 선생님께서는 올해 몇 학년을 맡으셨나요? 또 어떤 활동을 하시는지 궁금해요.

참! 선생님과 함께 다니던 산에 불이 났어요.

선생님께서 가르쳐 주셨던 엄청나게 큰 고사리가 있는 곳도 다 탄 것 같아요.

그래서 많이 슬펐어요. 선생님 생각이 더 나고 보고 싶어요.

요즘 2학년이 된 동생들도 잘 지내고 있고 예전처럼 외계인 같진 않아요. 그리고 여전히 귀여워요.

작년에 많은 것을 가르쳐주시고 행복하게 학교생활 하게 해주셔서 감사합니다. 소달초에 꼭 놀러 오세요. 그럼 안녕히 계세요.

"그래, 나도 너희가 그립다.

함께 오르던 산길, 고사리 꺾던 수풀 아래, 모과가 익어가던 언덕……

산불은 산을 태운 게 아니라 추억을 태웠다.

'몇 헥타르를 태워 얼마의 손해가 났다.'로는 표현하지 못하는 상실감!

다시 가서 꼭 새로운 추억을 만들어줄게.

여름에 독서 캠프 때 보자."

4

꽃을 먹자

점심을 먹고 외계인들을 데리고 뒷산에 오른다.
5분 코스부터 1시간 코스까지
다양한 산책길이 우리를 기다린다.
그중 몇은 내가 다니지 않으면 희미해질 길이다.
수천 년 동안 지구인들은 산에 길을 내고 다녔다.
그러나 지금은 많은 지구인이 흙길을 밟지 않는다. 안타깝다.

흙냄새, 풀냄새를 맡으면 외계인들이 아주 좋아한다.
지구인들 냄새가 많이 나지 않아서인지,
나무와 풀이 많아서인지는 확실하진 않다.
여러 사람이 다니는 넓은 길보다
숲으로 난 작고 고불고불한 길을 좋아하는 거로 봐서는
지구 탈출 연습이라도 하는 것 같다.
어차피 나만의 길을 혼자 걸어가는 게 인생이다.
외계인들도 이걸 아는 모양이다.

산은 외계인들이 계속 무언가에 관심을 갖게 해준다.

'짹짹'으로는 표현할 수 없는 온갖 새들이 노래를 한다.
곳곳에 토종 벌통이 놓여있다.
꽃과 바람, 나무와 곤충, 새와 열매가 외계인을 부른다.

이런 것들이 외계인을 만족시키지 못하면 꽃을 먹인다.
맞다. 꽃!! 생화!!
난 이걸 외계인에게 먹인다.
우리 외계인들은 3월에 진달래를 따 먹었다.
아~~~주 약~~~~간 달고, 약간 향기롭고
위장을 전혀 채우지 못하지만
외계인들은 진달래꽃 먹기에 중독되었다.

얼마 뒤에는 조팝나무 꽃을 먹었다.
지난해에는 지구인으로 귀환한 6학년 아이들이
조팝꽃을 무지 좋아했다.
5학년 아이들은 인동꽃을 좋아했다.
올해 외계인들은 아직 조팝나무 꽃의 맛을 모른다.
이건 외계인 입맛에는 안 맞나 보다.
조팝나무 꽃을 싫어하는 외계인을 위해 산딸기 꽃을 알려줬다.
"두 달 지나면 이 꽃이 산딸기로 바뀔 거야. 그때 따 먹자!"
지구인이 된 지 얼마 안 된 2학년 아이가
우쭐대며 기대감을 증폭시킨다.
"여기 산딸기 진짜 많아. 이거 다 산딸기야. 작년에 따 먹었어."

이 말에 외계인들 모두 환호한다.
산딸기 익을 때까지 기다리기 어렵더라도 걱정하지 마라.
고사리가 올라온다. 고사리 따다 보면 산딸기가 익는다.
그때까지는 나를 위대한 지구인으로 생각하고 따를 것이다.

3월에 외계인에게 진달래를 먹였다.
4월에는 조팝나무 꽃을 먹였다.
5월이 되면서 고사리를 꺾으러 다녔다.
꺾은 고사리는 순서를 정해 외계인들에게 나눠주었다.
5월 중순이 되자 취나물이 나왔다.
나물취도 뜯고 미역취도 뜯어서 집으로 보냈다.

애들 손이라고 만만히 보면 안 된다.
점심마다 뒷산을 돌아다녔더니 산사람이 다 됐다.
어디에 고사리가 있는지 훤~하다.
아직 취나물은 잘 찾아내지 못하지만 슬슬 알아가는 눈치다.

5월 23일, 처음으로 산딸기를 먹었다.
고사리를 끝내고 산딸기 따 먹기에 돌입했다.
이제 곧 오디(뽕나무 열매)도 나온다.
6월 중순에 산딸기가 끝나면 다음에는 살구다.
살구까지 먹고 나면 먹을 게 없다.
그땐 뱀을 찾으러 다녀야 하나?

아, 꽃을 찾으러 다녀야지!

이름은 들어봤나? 꽃며느리밥풀꽃, 은대난초…….

같은 날 외계인 3이 나를 기다리면서

학교 텃밭에서 딸기를 따 먹었다.

"선생님, 세상에서 제일 맛있는 딸기예요. 열 개나 따 먹었어요."

지난주에 주렁주렁 달린 딸기 열매를 솎아줬더니

제법 먹기 좋은 크기로 커졌다.

9월에는 밤송이에서 밤이 떨어지고, 10월에는 감이 익는다.

감과 밤 따 먹고 도토리 줍다 보면 찬바람이 불고 눈이 온다.

3cm, 5cm가 아니라 50, 100, 160cm씩 온다.

그럼 비료 포대 갖고 눈썰매 타야지!

운동장 가운데에 쌓인 눈이 녹고

학교 처마에 달린 고드름으로 칼싸움하고 나면

외계인도 지구에 잘 적응해서 동생을 맞을 준비를 할 거다.

내년에 이 학교를 떠날 생각을 하니 마음이 좀 아리다.

비록 나는 떠나지만

학교 뒷산에 핀 꽃과 나무는 아이들 곁에 남는다.

봄, 여름, 가을, 겨울이 변함없이 외계인들을 환영할 것이다.

내가 없어도 자연이, 추억이 아이들 곁을 지킬 거다.

그럼 우리 외계인들이 훌륭한 지구인이 되어

내 이야기를 하며, 내가 걸었던 길을 따라 걸으며
내년에 들어오는 외계인들에게 맛난 자연을 먹이겠지!
언젠가 내가 먹인 게 꽃이 아니라
추억이고 사랑이라는 걸 알겠지!
"애들아, 행복하고 건강하게 잘 살아라!"

5.
지구의 독으로 사로잡는다

점점 외계인의 습성을 버리지 못한 지구인이 많아진다.
사랑받지 못하고, 자연에서 뛰어놀지 못하면
지구에 적응하지 못하고 오래도록 외계인처럼 살아간다.
6학년이 되어서도 연필을 물어뜯는 아이를 만났다.
아빠, 큰삼촌, 작은삼촌이 모두 스무 살 전후에 결혼하더니
셋 다 금세 이혼하고 손주 넷을 몽땅 할머니에게 맡겼다.
사랑받고 싶어 연필을 빠는 마음은 이해하지만
중학교 가기 전에 고쳐주고 싶었다.
애기똥풀을 찢어 즙을 연필 끝에 발랐다.
'쪽~~ 쪼옥~~.'
"에페페~ 이게 뭐야?"

애기똥풀에는 독이 있다.
혀에 닿으면 잠깐 미각이 희미해진다.
그래도 6학년은 애기똥풀을 두려워하지 않았다.
그러나 1학년 외계인은 질겁한다.
"선생님, 이거 먹으면 죽어요?"

"호랑이도 죽어요? 사자도 죽어요? 악어도 죽어요?……"
"아~주 많이 먹으면 죽을 수도 있지!"
"야, 죽는대…… 짱이다."
"많이 먹으면 죽지만 조금 먹으면 아무렇지도 않아.
조금 많이 먹으면 배가 아프고 화장실에 가겠지!"
"진짜 죽어요?"
다음 날 2학년이 따라왔다.
"형, 애기똥풀 먹으면 죽어! 선생님, 맞죠?"

풀은 대부분 약간의 독을 갖고 있다.
지구인들은 그 독을 약으로 사용해왔다.
천남성은 뿌리나 열매를 한 송이만 먹어도 심장마비로 죽는다.
옛날에는 구더기를 죽이려고
화장실에 할미꽃과 파리풀을 찧어 넣었다.
지금도 가끔
동의나물이나 독버섯을 먹고 죽었다는 뉴스가 들린다.
물에 우려먹어야 하는 나물은 모두 독이 있다는 뜻이다.

지구인이 된 뒤에도 아이들은 독을 좋아한다.
5월 어느 날, 3학년 아이들과 준경묘에 현장학습을 갔다가
벌레통풀처럼 생긴 천남성을 코앞에서 보았다.
"이거 먹으면 곧바로 죽는다!"
이상하게 생긴 모양에 독까지 있다고 하니

아이들이 연예인 보듯 천남성을 우러러봤다.
1년 내내 천남성을 한 번만 더 보러 가자고 졸라댔다.

하물며 외계인은 '독'이라고 하면 정신을 잃는다.
외계인들은 목소리 크기를 조절하지 못한다.
교실이 운동장인 줄 알고 소리를 지른다.
조용히 하라고 말해도 금방 잊는다.
"오늘은 독 있는 다른 풀을 보여주려 했는데……
너무 크게 떠들어서 가르쳐주지 말아야겠다."
"선생님, 이렇게 말하면 돼요?"
"응, 계속 그렇게 말하면 독풀 보러 가자!"
"선생님, 무슨 공부 해요? 책 가져올게요."

점심 먹고 독풀을 찾아 나섰다.
"이건 산괴불주머니야. 꽃이 주머니처럼 생겼지!"
"독 있어요?"
"독이 있지."
"죽어요?"
또 나왔다. "죽어요?"
외계 행성이 독으로 무너졌기 때문일까?
독이 있다고 하면 자동반사 반응을 보인다.
"저건 미나리아재비야. 예쁘지!"
"독이 있어요?"

"당연히 독이 있지!"

"죽어요?"

"이건 쇠뜨기야. 이것도 독을 갖고 있지."

"죽어요?"

"죽진 않아. 지구인은 똑똑해서 독이 있는 풀을 약으로 이용했어.

산에서 넘어지면 약이 없잖아.

쇠뜨기를 찧어서 피가 나는 곳에 바르면 피가 멈춰."

외계인들은 피를 멈추게 하는 데 관심이 없다.

외계인의 관심은 오직 하나다.

"독이 있어요? 먹으면 죽어요?"

진짜 사람을 죽이는 독은 그런 게 아니란다.

독풀을 먹어 죽는 일은 거의 일어나지 않는다.

우리를 죽이는 독은 우리가 모르는 사이에 서서히 스며든다.

더 큰 콘크리트 덩어리 아파트에서 살고 싶은 욕심,

욕심을 이루기 위해 끝없이 달리게 만드는 다급함,

여유를 빼앗아가는 경쟁과 비교,

자신도 상처를 받으면서

친구에게 가시 돋친 말을 하는 자존심…….

이런 게 독이란다.

이걸 해독시키기 위해 아이들과 산을 걷는다.

친구 손 잡고 걷다가 산딸기 따주고, 네 잎 클로버 나눠주면서
저절로 독이 사라지기를 기대하며 산길을 함께 걷는다.

6.

"하지 마라"는 하지 마라

근덕초 마읍분교는 영화에나 나올 법한 학교이다.

학교 울타리 곁에서 까치독사, 불독사가 늘 일광욕을 했다.

우린 날마다 두 독사 곁을 지나다니며 인사했다.

검은색, 붉은색의 두 독사는

단 한 번도 아이들을 위협하지 않았다.

학교 옥상과 맞닿은 옆집 지붕 처마에는

지름이 30cm나 되는 말벌집이 달려있었다.

주인 할머니가 약으로 쓰려고 벌집을 따기 전까지 3년 동안

말벌 역시 단 한 번도 아이들을 쏘지 않았다.

아이들이 독사, 말벌 떼와 함께 평화를 누렸다.

내린 눈 무게에 짓눌려 휘어진 대나무 아래에 모인

수백 마리 새가

피난처를 제공한 대나무를 합창으로 노래했다.

해가 일찍 떨어진 겨울에는 부엉이가 난간에 앉아

우리가 집으로 돌아가는 모습을 지켜보았다.

봄에는 개울에서 물수제비 뜨고

여름에는 개울에 뛰어들어 물고기 잡고 수영했다.
가을엔 들꽃 사이를 거닐었고
겨우 내내 운동장에 쌓인 눈을 밟으며 썰매를 탔다.
마읍에서 만난 아이들은 모두 시인이었다.
자연이 아이들을 시인으로 만들었다.

불청객

2학년 김시현

우리 집엔 불청객이 있다. 막~~~ 유리에 붙어있다.
불청객은 바로 개구리이다.
매일 밤마다 똑같은 개구리가 찾아오니
궁금해서 배에다가 점을 2개 찍어놨다.
다음 날…… 그 개구리가 맞다.
헉~ 우리 집 창틀에는 벌레들이 많이 죽어 있는데
설마 그것 때문에 온 건 아닐까?
오! 개구리, 왜 자꾸 오는 거야?
개구리 녀석, 엄히 다스릴 게야!

마읍에서는 '하지 마라'고 말할 필요가 없었다.
'이것 해보자. 저것 해보자'만으로도 시간이 부족했다.
지구인은 긍정 언어보다 부정 언어를 좋아한다.

칭찬과 격려보단 비난과 꾸중, 엄포와 협박을 내뱉는다.
"독사에게 돌 던지지 마라. 그러면 물린다."
"말벌 조심해라. 쏘이면 병원에 가야 한다."
이런 말은 개구리에게 오지 말라는 외침과 똑같다.
따뜻한 곳을 찾는 본성이 개구리를 집으로 이끄는데
오지 말라는 말 한마디에 본성을 거스르고 이겨낼까?

따뜻한 집 찾아오는 개구리를 협박한다고 달라지지 않는다.
아무리 "뛰지 마라, 떠들지 마라" 해도 뛴다.
본성이다.
까치독사, 불독사에게 돌 던지지 말라고 말하지 않고
독사 친구들이 어떻게 지내는지 살펴보자고 했다.
말벌을 두려워하거나 위협하는 대신 친구로 삼았다.
웅웅~ 소리가 들리는 말벌집 아래에 서 있어도
위협하는 몸동작을 보이지 않으면
말벌이 나를 나무로 생각한다는 걸 보여주었다.

그러나 외계인들은 마읍 시인들과 달랐다.
외계인들은 떠들고 뛰고 친구를 괴롭힌다.
복도에서 조용히 걸어 다니라고 해도 뛴다.
하지 말라고 말리기만 하면
무얼 해야 하는지 몰라서 계속 뛴다.
개구리에게 돌을 던지지 않게 하려면

배에 점을 찍어 보내는 것처럼
돌 던지는 대신 할 수 있는 걸 알려주어야 한다.
배에 점 찍힌 개구리가 찾아온 모습을 보고 웃게 만들면
다음 날 개구리가 또 찾아와도 죽이지 않는다.

뛰는 아이들에게 슬로우 모션으로 움직이기 놀이를 하고
친구 괴롭히는 아이는
나무에 오르내리거나 돌을 쌓게 만들어라.
재미있는 일에 빠지면 하지 말아야 할 일을 잊어버린다.

신규 교사일 때 날마다 아이들을 꾸짖었다.
늘 꾸중 듣는 몇몇 아이들은 1년 내내 꾸중만 들었다.
바르게 생활하는 친구들도 덩달아 잔소리를 들어야 했다.
그때는 잘못된 행동 지적하고 잔소리하다가 한 해가 다 갔다.
지적과 비난 대신 칭찬과 격려를 했더라면 얼마나 좋았을까!
개구리 죽이지 말라고 잔소리하는 대신
개구리를 물로 돌려보내고 다시 찾아오는 모습을 봤더라면…….

대안을 제시하지 않는 비난은
다람쥐를 쳇바퀴에 올려놓고 뛰지 말라는 것과 똑같다.
앞의 시를 쓴 시현이가 다람쥐 꼬리를 학교에 가져왔다.
다람쥐를 붙잡았는데 꼬리만 떼놓고 도망갔다고 한다.
하지 말라고 꾸중만 하면 외계인들도 꼬리를 떼놓고 도망간다.

머리와 가슴은 자기 마음대로 하면서 꼬리만 슬쩍 넘겨준다.

내 지갑에는 말라붙어 작아진 꼬리가 있다.

제 몸통에 붙어있었다면 통통하고 털이 북슬북슬할 꼬리.

7.
거절

여름이 짙어지면 가끔 산에 낫을 가져간다.
풀과 나무와 넝쿨이 뻗어 나와
인적이 드문 길을 점령하기 때문이다.
외계인들이 편하게 다니도록 길을 뚫어주지 않으면
길이 사라지고 오솔길이 외계 행성이 돼버린다.
산딸기 따기 편하도록 가시덤불에 길을 내주고
오솔길을 막아버리는 넝쿨과 나뭇가지를 잘라준다.

손 잡아주고, 열매 따주고, 길을 내주고……
계속 친절하게, 끊임없이 친절하게 대하면
내가 자기들 하인인 줄 안다.
외계인들이 어느 순간 나를 종 취급한다.
외계인들 마음이 다시 외계 행성이 되는 걸 막으려면
'거절'해야 한다.
거절하지 않으면 외계인들이 내 머리에 앉아
주인 노릇 하려 한다.
그러면 조만간 외계인을 보기도 싫어하는 지경에 이른다.

밭두렁이나 과일나무 아래로 지나갈 때
지구인들 밭에 들어가거나 과일을 따기라도 하면
다 내 책임이다.
이때는 소리를 질러야 한다. "네~ 이~ 노오옴~~."
지구인들은 외계인이 잘못하면
같은 지구인인 나에게 항의한다.
어차피 외계인에게 말해봐야 통하지 않는다는 걸 아나 보다.
물론, 시골 학교 주위 지구인들은 소리를 지르지 않는다.
그들은 외계인이 존재한다는 사실만으로도 기뻐한다.
시골에 외계인이 귀해졌기 때문이다.
언젠가 학교에서 키우는 토끼가
옆집 밭의 콩 싹을 다 먹어치웠다.
힘들게 콩을 다시 심어야 하고 수확도 늦어진다.
그래도 점잖게 조심해달라고 말하고 돌아가셨다.
바쁘게 사는 도시 지구인과 달리
시골 노인들은 외계인을 보는 기쁨을 잘 알고 있다.
그래서 외계인을 이해하고 좋아한다.
어쩌면 자신들이 나이가 들어가면서
다시 외계인으로 돌아가고 있다는 걸 아는 것 같다.

우리 외계인들도
옥수수 키우고, 고구마 기르는 노인들을 좋아한다.
아예 노인들을 친구로 생각하는 것 같다.

정신없이 일하는 노인에게 손을 흔들어 허리를 펴게 한다.
외계인이 손을 흔들며 소리를 지르면
노인도 손을 흔들며 대답한다.
둘이 참 잘 어울린다.

그런 모습을 보면 거절하기 어려워진다.
그래도 거절해야 할 때는 반드시 거절해야 한다.
그래야 건강하고 멋진 지구인으로 자란다.
1 부드럽게, 2 단호하게, 3 은근슬쩍…….
거절 등급에 따라 잘 골라서 사용하기 바란다.

8.
외계인을 이해하는 지구인과
마음을 함께하라

아무리 외계인 교육의 위대한 사명으로 살아간다고 하지만
외계인을 상대하는 일은 만만치 않다.
똑같은 말을 끝없이 되풀이하기도 힘들고
말도 안 되는 행동에 넋이 빠지기도 한다.
짬짬이 회복하지 않으면
그냥 방치해두고 싶은 유혹에 넘어간다.

지난해에 내게 배운 지구인이 6학년이 되었다.
3년 동안 줄곧 내가 가르쳤기 때문에 눈빛만 봐도 통한다.
내가 외계인과 지내는 모습을 바라보는 눈빛이 안쓰럽다.
때론 킥킥거리며 웃기도 하고 슬프게 바라보기도 한다.
아이가 나와 외계인을 보며 킥킥거릴 때마다 힘이 났다.
나를 이해하는 동료를 만난 느낌이었다.
외계인들 사이에서 지구인과 교감하는 기쁨을 누렸다.

"왜 웃어? 한 번 웃을 때마다 10원씩 내라."
외계인이 소동을 벌이거나 이상하게 말할 때마다

아이를 바라보았다.

웃지 않으려고 입을 막고 버티는 모습을 보면

외계인이 한 이상한 짓이 주는 충격이 스르르 약해졌다.

아이가 웃으면 그때마다 10원씩 적립했다.

하루는 급식을 먹는 20분 동안 100원을 벌기도 했다.

그때마다 나는 10원씩 더해가며 돈을 계산했다.

"270원이다.", "300원 됐다.", "오늘 대박인데. 450원 넘었다."

외계인들도 눈치가 있다.

6학년이 웃으면 10원씩 올라간다는 걸 외계인들이 알아냈다.

"언니, 또 웃었다. 선생님, 10원이요. 10원!"

그 말을 듣고 6학년이 또 웃었다.

계산을 시작한 지 한 달이 되기 전에 1000원을 넘겼다.

외계인들이 한 이상한 짓 100건을 어떻게 견뎠나 싶다.

6학년 아이가 웃을 때마다 위로가 되었다.

모르는 사람들 사이에서 나를 아는 사람을 만난 것 같았다.

이상하다. 이게 뭐라고 위로가 될까?

외계인 2가 기침이 심해져 병원에 입원하고 6일 동안 결석했다.

나는 외계인 2와 똑같은 감기로 2주 동안 기침을 했다.

기침이 나아갈 즈음 갑자기 열이 올라 축 늘어졌다.

감기가 아무리 심해도 1주일을 넘기지 않았는데

기침과 열감기로 한 달 동안 골골댔다. 왜 그럴까?

한 선생님이 그럴듯한 까닭을 내놓으셨다.
"1학년 가르쳐서 계속 아픈 거 아니세요?"
내가 외계인과 겪은 일을 말할 때마다 웃어주던 분의 말이다.
듣고 보니 그런 것 같기도 하다.
이 말을 듣는데도 위로가 되었다.

3월에는 하루를 어떻게 보내야 할지 막막했다.
아이들이 괴물처럼 보일 때가 많았다.
금요일이 너무 늦게 왔다.
6학년 아이와 10원 내기를 하면서 여유가 조금 생겼다.
아이들을 이해하기 위해 외계인 이야기를 쓰면서
외계인들이 주는 충격을 살짝 떨어져서 보게 되었다.
외계인과의 만남을 기대하는 마음까지 생겼다.
이해하지 못하는 행동을 글로 쓰고,
어떻게 이해해야 할까 다시 생각하면서
외계인들을 사랑하게 된 것 같다.
4월이 지나가면서
'내일 무슨 일이 생길까?' 기다리는 마음까지 생겼다.

3월의 충격이 기쁨으로 바뀐 것은
외계인을 이해하는 사람과 마음을 나누었기 때문이다.
6학년 아이와 웃음으로 마음을 나누며 여유가 생겼다.
외계인 이야기를 쓰면서

왜 내가 힘들어하는지 돌아보았고

외계인들의 모습을 이해하게 되었고

아이들의 천진난만함을 사랑하게 되었다.

함께 근무하는 분들과 외계인 이야기를 나누고

외계인을 가르치는 1학년 선생님들과 마음을 나누었다.

옛날 먹고 살기 힘들었던 시절,

어머니, 할머니들은 빨래터에서 이야기를 하며 위로받았다.

"그래도 그 남편이 이렇잖아. 저렇잖아!"

하는 소릴 들으며 힘을 냈다.

나도 외계인을 이해하는 지구인과 마음을 나누면서

저절로 힘이 생기고 외계인을 사랑하게 되었다.

힘들면 나누어야 한다.

홀로 끙끙대지 말고 풀어내야 한다.

물론 자기가 옳다며 똑같은 이야기를 되풀이해서

상대방이 질리게 하면 안 되겠지!

내면의 자신과 이야기를 나누어라.

상대를 외계인 취급하지만 말고 생각하라.

당신의 이야기에 공감하며 함께 웃는 상대를 만나라.

여러분을 격려하는 사람에게 마음을 털어놓아라.

그러면 곁에 있는 이상한 사람을 이해하거나

이해하지는 못하더라도 견뎌내는 힘이 생길 것이다.

여러분이 건강하면
여러분 주위에 있는 외계인도 건강한 지구인으로 자란다.
힘내라.

9.
시간은 우리 편이다

내가 외계인을 만났다는 걸 깨달은 입학식 날
하루가 참 더디게 지나갔다.
아무것도 한 게 없는데 엄청 많이 한 것처럼 피곤했다.

외계인 셋 중에 둘은 글씨를 모른다.
배우려는 마음보다 자신감이 더 커서 잘 듣지도 않는다.
자기가 모른다는 사실이 밝혀지는 걸 싫어하기 때문에
대충 아는 척하고 넘어가려 한다.
"얘야, 넌 배우려고 학교에 온 거야! 모르기 때문에 배우잖아.
자신의 무지를 거부하면 배우지 못한단다."
그러나 외계인은 배움에의 초대를 자존심으로 받아친다.

글씨를 몰라 한 문장 읽는 데 1분씩 걸리는 외계인 둘이
자기들 마음대로 이상한 걸 하고 있으면
외계인 3이 한심하다는 눈빛을 보이며 말한다.

외계인 3 너희, 무슨 말인지 모르는구나!

외계인 1, 2 나도 알아. 이해한다고!

외계인 3 하~.

자존심이 배움을 막고 다툼을 일으킨다.

4월 어느 날 돌봄교실 선생님이 존경의 눈빛으로 쳐다보며

"선생님, 애들이 글씨를 몰랐잖아요.

그런데 지금은 문장을 읽어요. 신기해요." 한다.

언젠가 이렇게 될 줄 알았다.

아무리 자존심 내세우며 버텨도 시간은 우리 편이다.

함께 읽고, 혼자 읽고, 서서 읽고, 앉아서 읽고……

친구가 읽을 때 듣고, 손 짚어가며 마음으로 읽고……

시간이 차곡차곡 채워지면

외계인이 지구 말을 이해하기 시작한다.

자존심 더 내세운 외계인이 조금 더 느리긴 해도 글을 읽는다.

변할 거라는 기대는 견디는 힘을 준다.

외계인은 틀림없이 변한다.

조금만 더 견디면 힘들었던 지금 이 순간이 추억으로 바뀐다.

(그러나 지나친 기대는 쓰라린 상처를 남긴다는 사실을 기억하자.)

방학이 지나고 개학이 되면

외계인들이 달라진 모습으로 나타난다.

지구가 태양을 돌며 우리 모두에게

변화의 에너지를 내보내는가 보다.

내가 아무리 해도 안 되던 일을

잠깐의 방학 동안 이루어놓는다.

시간은 틀림없이 사람을 변화시킨다.

자만심이 배움을 가로막고 자존심이 변화를 거부하게 만들지만

그래도 시간은 우리 편이다.

1년이 지나고 헤어지는 날,

아이들의 변화가 나를 눈물짓게 하리라.

그날을 기다리며 가르치고 기다린다. 배운 걸 익힐 때까지…….

10.
우리에겐 희망이 있다

외계인은 곡식과 풀을 구분하지 못한다.
과일나무와 다른 나무도 구분하지 못한다.
산나물도 못 찾아내고 풀 이름도 모른다.
엉터리로 이름을 붙이고 다음 날 다른 이름으로 부른다.

함께 산에 다닌 지 한 달이 지나면서 할미꽃을 알아봤다.
괴불주머니 꽃이 지천에 피어 있어 괴불주머니도 안다.
애기똥풀은 줄기를 잘라 즙을 보여주었더니 단번에 기억했다.
진달래와 조팝나무는 꽃을 먹어봐서 알게 되었고
꽃다지, 노루귀도 이제는 찾을 수 있다.
사과나무, 배나무, 자두나무, 살구나무 꽃을 보았으니
열매가 달리고 익어가는 과정을 하나하나 기억할 것이다.

1년 동안 나를 따라 다니면
구슬붕이, 살갈퀴, 노루발풀, 우산나물도 구분할 거다.
풀과 나무 곁을 거닐고 만지면서 봄과 여름 지내고
열매 따면서 즐거워하고, 단풍이 드는 모습에 감격하면

지구가 얼마나 아름다운지 깨달을 것이다.
그럼 지구를 사랑하게 되겠지.

아,
그러고 보니 도시에 사는 지구인들도
점점 외계인처럼 변해가고 있다.
지구 생명체와 점점 멀어지고
외계인처럼 변해가면서 소란을 피운다.
지구를 파괴하고 이웃을 괴롭히면서도 자기 배만 채우려 한다.
방송과 신문이 온통
외계인 같은 지구인 사건으로 도배를 하고 있다.
풀과 나무, 산과 들판에서 너무 멀리 떨어져 살기 때문 아닐까?

가끔 도시에서 지구인이 전학 온다.
개구리 알을 끄집어내 터트리고, 개미를 눌러 죽인다.
마치 외계 행성을 정복하러 온 전투 병사 같다.
볼 때마다 답답하다.
외계인들도 1년 동안 자연과 함께 걸으면
지구를 사랑하게 되는데
지구인들은 왜 지구를 파괴하지 못해서 안달할까?
그래서 내 주변에 있는 외계인만이라도
지구인으로 귀화시키려고 열심히 산에 데리고 다닌다.
1년쯤 지나면 도시 아이도 개구리 소리를 즐기게 된다.

처음 교사가 되었을 때
삼척에 초등학교 30여 개, 분교 10~15개가 있었다.
2017년에는 초등학교 19개, 분교 2개로 줄었다.
10년쯤 뒤에는 초등학교 15개라도 남을지 모르겠다.
시골에서 아이들이 사라지고 있다.
자연의 풍요를 누리며 크는 아이가 줄어들면
지구에 어떤 일이 생길까?
안타깝고 걱정이 된다.

그래도 여전히 희망은 있다.
지구를 지키기 위해
도시화, 획일화, 효율성에 물들어가는 외계인과
맞서 싸우는 용사들이 있다.
시골구석에서, 바닷가 마을에서,
산자락 아래에서, 도시 한가운데에도
지구를 지키기 위해 외계인과 맞서 싸우는
용감한 부모와 교사가 있다.
그들은 모두 지구를 지키는 용사들이다.
아이를 아이답게 키우는 모든 분께 박수를 보낸다.
당신들이 이 땅의 희망이다.
끝까지 충성하자.

콧구멍

김다영(삼척남초 3)

콧구멍엔 기차가 다닌다.
내려갔다 올라갔다.

누렁기차
하양기차
빨강기차

내려갔다 '흥' 하면 올라간다.
빨리 올라간다.

콧구멍 굴속에 올라가면
'아휴, 깜깜해.'
그러다 또 내려오지요.

1994년 9월에 교사가 되었습니다.
한 달이 지난 10월에 이 시를 만났습니다.
시를 보는 순간,
평생 아이들 글을 사랑하며 살 운명임을 깨달았습니다.

3학년 아이가 쓴 콧구멍에 대한 표현이 어찌나 예쁜지
누렁기차, 하양기차, 빨강기차가 하나도 더럽지 않았습니다.
무언가가 더럽다는 느낌은
자체에서 나오는 것이라기보다는
사람이 무언가에 대해 내린 해석일 뿐입니다.
마음이 깨끗한 사람은
사람들이 더럽다고 보는 무언가에서 새로운 의미를 찾아냅니다.

저는 다영이가 찾아낸 의미에 빠져서
평생 아이들 글을 찾아 헤매는 굶주린 영혼이 되었습니다.

다영아, 고맙다.
이 책은 네 〈콧구멍〉에서 나왔다.
다영이 〈콧구멍〉에 감사한다.

내게 시를 선물한 아이들

• 1994년 삼척남초등학교 3학년 학급문집 「웃음소리」

• 1995년 삼척남초등학교 4학년 학급문집 「웃음소리」

• 1996년 삼척남초등학교 6학년 학급문집 「종이나라」

• 1997년 삼척남초등학교 5학년 학급문집 「우리두리」

• 1998년 삼척남초등학교 6학년 학급문집 「한울」

• 1999년 삼척초등학교 4학년 슬기반 학급문집 「사고뭉치」

• 2000년 삼척초등학교 4학년 성실반 학급문집 「그루터기」

• 2001년 삼척초등학교 6학년 협동반 학급문집 「그루터기」

• 2002년 도계초등학교 3학년 풀빛반 학급문집 「그루터기」

• 2003년 도계초등학교 3학년 풀빛반 학급문집 「그루터기」

• 2004년 도계초등학교 1학년 솔빛반 학급문집 「그루터기」

• 2005년 근덕(마읍)초등학교 학교문집 「그루터기」

• 2006년 근덕(마읍)초등학교 학교문집 「그루터기」

• 2007년 근덕(마읍, 동막, 노곡)초등학교 연합문집 「그루터기」

• 2008년 정라초등학교 5학년 6반 학교문집 「그루터기」

• 2009년 정라초등학교 독서반문집 「그루터기」

• 2010년 정라초등학교 독서반문집 「그루터기」

- 2011년 북삼초등학교 독서반문집 「그루터기」
- 2012년 북삼초등학교 2학년 매화반 학급문집 「그루터기」
- 2013년 소달초등학교 학교문집 「고사리의 꿈」
- 2014년 소달초등학교 학교문집 「고사리의 꿈」
- 2015년 소달초등학교 학교문집 「고사리의 꿈」
- 2016년 소달초등학교 학교문집 「고사리의 꿈」